¡Listos!

Ana Kolkowska • Libby Mitchell 2 **Rojo**

MARIA FIDELIS CONVENT SCHOOL FCJ

YEAR	NAME	FORM
2008 – 2009	Kishma Daniel	9L
2009 – 2010	Angel O. Renwick	9C
2011 – 2012		
2012 – 2013		
2014 – 2015		

MODERN LANGUAGES DEPARTMENT

Heinemann is an imprint of Pearson Education Limited,
a company incorporated in England and Wales,
having its registered office at Edinburgh Gate, Harlow, Essex, CM20 2JE.
Registered company number: 872828

Heinemann is a registered trademark of Pearson Education Limited

© Ana Kolkowska and Libby Mitchell

First published 2003

08

13

British Library Cataloguing in Publication Data is available from the British Library on request.

ISBN 978 0 435429 60 7

Edited by Diana Hornsby and John Pride.

Produced by Ken Vail Graphic Design, Cambridge.

Original illustrations © Harcourt Education Limited 2003

Illustrated by Advocate (Ruth Galloway); The Art Collection (Sarah Kelly, Georges Panis); Artist Partners (Tim Kahane); Samantha Bale; Beehive Illustration (Theresa Tibbetts); Paul Collicutt; Michael A Hill; Illustration Limited (John Adams); Organisation (David Whittle); Sylvie Poggio Artists (Mark Ruffle).

Cover design by Jon Hicks

Printed and bound in China (CTPS / 13)

Cover photo: © Eye Ubiquitous/Paul Thompson

Acknowledgements

Every effort has been made to contact copyright holders of material reproduced in this book. Any omissions will be rectified in subsequent printings if notice is given to the publishers.

The authors and publishers would like to thank Diana Hornsby; John Pride; Maria Luisa Pendrous; Maria Alicia Ortega; Martin Sookias; Perfecto Manzebo Gallo and the staff and pupils of the Instituto de Educación Secundaria in Fuenlabrado, Madrid; Esperanza Encina Orejana and her family, especially Gerardo and Lucía; Oscar Kolkowski; Aleks Kolkowski and Ian Hill; Colette Thomson, Simon Humphries and the young Spaniards who took part in the studio recordings for their help in the making of this course.

Photographs were provided by Corbis (Enrique Iglesias and Shakira) p 6; Empics (Venus and Serena Williams) p 7; Camera Press (Three Kings parade) p 38; Hemera Photo-Objects (Grapes) p 38; PA Photos/Anthony Harvey (Kylie Minogue) p 48; AFP (Christina Aguilera) p 48; PA Photos/EPA (Eminem) p 48; PA Photos/Branimir Kvartuc (Will Smith) p 48; Mary Glasgow Magazines/Leonardo Valencia (Cuban schoolgirl) p 50; Mary Glasgow Magazines (Peruvian school girl) p 50; Mary Glasgow Magazines/Mike Blum (Costa Rican school children) p 50; Keith Gibson (Spanish schoolgirl) p 50; Corbis (Jerez, performing horses) p 61; Getty (Esplanade at Malaga) p 61; Peter Evans (Ferry) p 62; Ana Kolkowska (Spanish village, dancers) p 63; Carlos Reyes-Manzo (Sports Centre) p 64; Getty (Cuban dancer) p 74; Corbis (Old American cars) p 75; Don Jon Red/Alamy (Club) p 81; Kolvenback/Alamy (Bullfight) p 81; Zefa (Flamenco show) p 81; Redferns (Rock concert) p 81; Action Plus (Pelota) p 81; Photofusion/Alamy (Zoo) p 81; Corbis (Mother and daughter) p 83; Camera Press (La Tomatina festival) p 84; ActionPlus (Maradona) p 92; Empics (Raul) p 93; Photodisc (Skateboarder) p 103; Getty (Joane Somarriba) p 108; Carlos Reyes-Manzo (Barcelona market) p 28/34; Carlos Reyes-Manzo (Spanish restaurants) p 114.

All other photos were provided by Martin Sookias.

¡Listos!

Ana Kolkowska • Libby Mitchell

2 Rojo

Heinemann

Inspiring generations

Tabla de materias

1 Son muy famosos

Talking about yourself and other people. Making comparisons ■■■■■■■■ ■ ■ ■

Me llamo Enrique Iglesias Preysler. Soy español. Soy de Madrid pero ahora vivo en Miami. Mi cumpleaños es el 8 de mayo y tengo 28 años. Mi padre es el cantante español más famoso de los años 70. Se llama Julio Iglesias. Pero ahora soy más famoso que él. Tengo una hermana y un hermano. Mi hermana se llama Chabelí y mi hermano se llama Julio. Soy bastante alto. Soy más alto que mis hermanos. Tengo los ojos marrones y el pelo castaño.

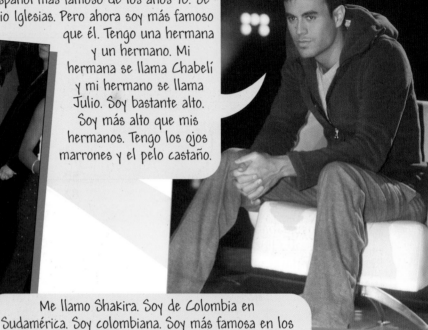

Me llamo Shakira. Soy de Colombia en Sudamérica. Soy colombiana. Soy más famosa en los Estados Unidos que en el Reino Unido. Canto en español y en inglés. Mi cumpleaños es el 2 de febrero y tengo 21 años. Soy bastante alta. ¡Soy más alta que Kylie Minogue! Tengo el pelo ondulado y bastante largo.

bastante	*quite*

1a Lee y escucha la información sobre Enrique y Shakira. Escribe una respuesta para cada pregunta.

Enrique
1 ¿Cómo te llamas?
2 ¿Cuál es tu nacionalidad?
3 ¿Dónde vives?
4 ¿Tienes hermanos? ¿Cómo se llaman?

Shakira
5 ¿De dónde eres?
6 ¿Cuándo es tu cumpleaños?
7 ¿Cuántos años tienes?
8 ¿Cómo es tu pelo?

1b Con tu compañero/a haz una entrevista. Utiliza las preguntas de **1a** (1–8).

2a Lee la información de **1a** otra vez. ¿Verdad (✓) o mentira (✗)?

1 Ahora Enrique Iglesias es más famoso que su padre.
2 Enrique es más bajo que sus hermanos.
3 Shakira es más famosa en el Reino Unido que en los Estados Unidos.
4 Kylie Minogue es más baja que Shakira.

Gramática

Comparatives and superlatives

How to make comparisons using:

más + *adjective* + que   *more … than*

menos + *adjective* + que   *less … than*

Shakira es **más** alta **que** Kylie Minogue.

Shakira is taller than Kylie Minogue.

The adjective must agree with the subject of the sentence.

How to make superlatives using:

el/la más + *adjective*   *the most …*

el/la menos + *adjective*   *the least …*

Mi padre es **el** cantante español **más** famoso de los años 70.

My father is the most famous Spanish singer of the 70s.

Para saber más → página 129, 7.2/7.3

2b   Corrige las frases falsas.

3a   Lee la información sobre Venus y Serena Williams. Luego copia y completa las frases.

1 ＿＿＿ es más alta que ＿＿＿
2 ＿＿＿ es más baja que ＿＿＿
3 ＿＿＿ es la más alta.
4 ＿＿＿ pesa menos que ＿＿＿
5 ＿＿＿ pesa más que ＿＿＿

| estatura | *height* |
| peso | *weight* |

Nombre: Venus Williams
Estatura: 1,86 metros
Peso: 76 kilos

Nombre: Serena Williams
Estatura : 1,78 metros
Peso: 65 kilos

3b   Escucha y comprueba tus respuestas.

4a   Completa las frases con *más* o *menos* según tus opiniones.
Complete the sentences with 'more' or 'less' according to your opinions.

1 Shakira es ＿＿＿ famosa que Britney Spears.
2 Enrique Iglesias es el ＿＿＿ famoso de los cantantes españoles.
3 David Beckham es uno de los futbolistas ＿＿＿ famosos del mundo.
4 El cricket es ＿＿＿ aburrido que el golf.
5 Un Ferrari es ＿＿＿ rápido que un Mini.
6 Everest es la montaña ＿＿＿ alta del mundo.

4b   Escribe cinco frases similares para dar tus propias opiniones.

2 Juego bien al fútbol

Saying how you do something. Talking about your routine
Using adverbs and revision of present and future.

1 Escucha y escribe los dibujos en el orden correcto. (1–6)

Ejemplo: 1 – e

a *Me ducho y me visto rápidamente.*

b *Juego muy mal al golf.*

c *Juego bien al fútbol.*

d *Mi hermano toca el violín bastante mal.*

e *Mi hermana toca la guitarra muy bien.*

f *Desafortunadamente hoy tenemos un examen.*

2 Copia y completa las frases con los adverbios correctos.

a Toco la guitarra bastante *(bueno)* **bien** pero canto muy *(malo)* **mal**.
b Me levanto a las siete y media. Me ducho y me visto *(rápido)* _____ porque las clases empiezan a las ocho y cuarto.
c *(Desafortunado)* _____ hoy tenemos un examen.
d *(Normal)* _____ voy al instituto en autobús.
e No voy a ayudar a preparar la cena porque cocino muy *(malo)* _____.
f Mi padre cocina muy *(bueno)* _____.

Gramática

Adverbs

How to make adjectives into adverbs:

adjective	feminine form + mente	adverb
desafortunado *unfortunate*	desafortunada + mente	desafortunadamente *unfortunately*
rápido *quick*	rápida + mente	rápidamente *quickly*
normal *usual*	normal + mente	normalmente *usually*

Los atletas corren rápidamente.
Athletes run quickly.

Some adverbs are irregular:

adjective		adverb	
bueno	*good*	bien	*well*
malo	*bad*	mal	*badly*

Juego **bien** al tenis pero juego **mal** al bádminton.
I play tennis well but I play badminton badly.

Para saber más → página 130, 7.1

Gerardo

Gramática

Immediate future

Use **ir a** *to talk about what you are 'going to do'.*

Voy a hacer mis deberes después de ver *Los Simpsons* en la televisión.

Para saber más → página 36, 19

CORREOS
ESPAÑA
0,50€

20 de septiembre

Querido Oscar:

Gracias por tu carta. Vas a venir a Madrid en octubre. ¡Qué bien! Y vas a venir a clase al instituto. Pues, aquí tienes mi rutina diaria:

De lunes a viernes, me levanto a las siete. Desayuno. Normalmente tomo cereales con leche y zumo de fruta. Luego voy al instituto. Voy a pie porque está bastante cerca. Las clases empiezan a las ocho y terminan a la una y media. Voy a casa a comer y después hago los deberes. Desafortunadamente tenemos muchos deberes.

Soy muy activo. Me gustan mucho los deportes. Juego al fútbol y al baloncesto. También me gusta ir al cine.

¿Qué te gusta a ti?

Saludos

Gerardo

¡qué bien!	*great!*
después	*after*

Oscar

3 **Escucha y lee la carta. ¿Verdad (✓) o mentira (✗)?**

1 Oscar va a ir a España.
2 Gerardo vive en Madrid.
3 Gerardo se levanta a las siete.
4 Para el desayuno toma café con leche y pan tostado.
5 Gerardo vive bastante cerca del instituto.

6 Va al instituto en bicicleta.
7 Las clases empiezan a las nueve y terminan a las cuatro menos cuarto.
8 Gerardo come en el instituto a mediodía.
9 Por la tarde hace los deberes.
10 Gerardo juega al baloncesto y al fútbol.

4a **Eres Gerardo. Escribe las frases de la carta para contestar a las preguntas.**

1 ¿A qué hora te levantas?
2 ¿Qué tomas para el desayuno?
3 ¿Cómo vas al instituto?
4 ¿A qué hora terminan las clases?
5 ¿Comes en el instituto o en casa?
6 ¿Qué haces después de comer?
7 ¿Qué deportes practicas?
8 ¿Qué más te gusta hacer?

4b **Con tu compañero/a, haz y contesta a las preguntas de 4a.**

4c **Imagina que Gerardo va a venir a tu casa y escríbele una carta similar.**

Ejemplo: *Estimado Gerardo:*
Gracias por tu carta. Vas a venir a …

3 Mucho gusto

Making introducciones

1a Lee y escucha.

Te presento a mi familia.
Ésta es mi madre, Claudia.

Éste es mi padre, Ignacio.

Mucho gusto.

Ésta es mi hermana, Lucía.

Hola, Oscar. ¿Qué tal el viaje?

Muy bien, gracias.

Encantado.

Hola, Oscar. Mucho gusto.

Ésta es mi abuela, Doña Mercedes.

Hola, Oscar. ¡Bienvenido!

Éstos son mis tíos y mi primo.
Mi tío se llama Jorge.
Mi tía se llama Ana María.
Y mi primo se llama Héctor.

Éstas son mis primas. Se llaman Pilar, Paloma y Esme.

madre
padre
padres
hermano/a
hermanos
abuelo/a
tío/a
primo/a

encantado *(male speaker)* ⎫
encantada *(female speaker)* ⎬ *pleased to meet you*
mucho gusto ⎭
¿qué tal el viaje? *how was the journey?*

1b Dibuja un árbol genealógico para representar la familia de Gerardo.
Draw a family tree showing Gerardo's family.

1c Copia y completa las frases sobre Gerardo.

   a _____ son mis padres. Se llaman Claudia e Ignacio.
   b _____ es mi hermana. Se llama Lucía.
   c _____ es mi abuela. Se llama Mercedes.
   d _____ es mi tía. Se llama Ana María.
   e _____ es mi primo. Se llama Héctor.
   f _____ son mis primas. Se llaman Pilar, Paloma y Esme.

Gramática

Demonstrative pronouns

Gerardo introduces Oscar to his family using the Spanish words for 'this' and 'these':

	Masc.	**Fem.**
Singular	éste	ésta
Plural	éstos	éstas

Éste es mi padre. *This is my father.*
Éstos son mis tíos. *These are my uncles and aunts.*

Para saber más → página 130, 9

Escuchar

2 Escucha y escribe 'a' o 'b'. (1–10)

Ejemplo: 1 – b

a

madre
(Mayra)

padre
(Luis)

hermana
(Tania)

hermano
(Martín)

perro
(Sebastián)

gato
(Trufa)

ratón
(Figo)

hámster
(Savi)

Yo (Isabel)

b

abuelo
(Carlos)

abuela
(Carmen)

tío
(Juan)

tía
(Nieves)

prima
(Susana)

primo
(Eduardo)

Hablar

3 Con tu compañero/a, elige un dibujo, 'a' o 'b' y presenta a las personas.

Ejemplo:
● Éste es mi hermano. Se llama …
● Encantado/Encantada.

Leer

4a Lee la carta de Oscar y contesta a las preguntas.

a ¿Dónde vive Oscar?
b ¿Vive en el centro de la ciudad?
c ¿Cuántos hermanos tiene?
d ¿Cuántos años tiene su hermana?
e ¿Cómo se llama su hermano?
f ¿Tiene animales?
g ¿De dónde es su padre?

Soy de Birmingham. Vivo en las afueras de la ciudad. Tengo un hermano que se llama John. Tiene 18 años. Tengo una hermana también. Se llama Gemma y tiene 9 años. Mi madre se llama Sharon y mi padre se llama Peter. En casa tenemos un perro y unos peces. También tenemos un conejo. Mi padre es escocés. Sus padres, mis abuelos, viven cerca de Glasgow. Los padres de mi madre son irlandeses. Viven en el campo, al sur de Cork. Tengo tíos en Escocia, Irlanda, Inglaterra y hasta en Australia. Tengo once primos.

Saludos

Oscar

Escuchar

4b Lee la carta de Oscar otra vez. Escucha y anota cinco diferencias entre lo que escribe Oscar y lo que dice su prima, Sophie.

Ejemplo: 1 – Glasgow/Birmingham

Escribir

5 Eres Martín del dibujo **2a**. Escribe sobre tu familia.

4 Estás en tu casa

Asking for and saying what you need. Using 'me hace(n) falta'

1 Escribe el orden en que se mencionan las cosas. (1–11)

Ejemplo: 1 – g

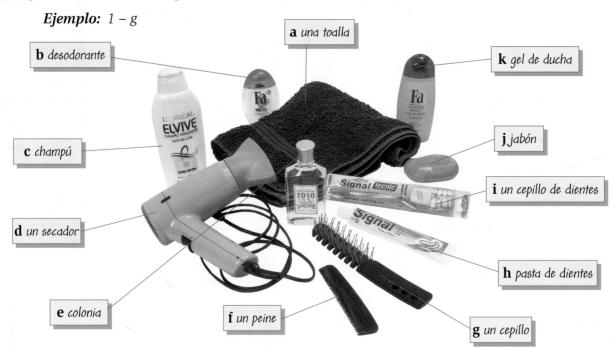

a una toalla

b desodorante

k gel de ducha

c champú

j jabón

i un cepillo de dientes

d un secador

h pasta de dientes

e colonia

f un peine

g un cepillo

2 Escucha. Copia y rellena el cuadro.

Ejemplo:

Le hace falta ...	No le hace falta ...
gel de ducha	jabón

aquí   *here*

3a Mira la foto. ¿Qué necesitan estas personas? (1–5)

Ejemplo: 1 – j

3b Con tu compañero/a, pregunta y contesta.

Ejemplo:
- ¿Necesitas (una toalla)?
- Sí, necesito (una toalla).
- ¿Te hace falta (un secador)?
- No, no me hace falta (un secador). Me hace falta (champú).

Gramática

Pronouns

In Spanish you use pronouns to say what you need in the same way as you would say what you like, e.g. me gusta, te gustan, etc.

me hace falta un peine   *I need a comb*
te hace falta champú   *you (informal) need shampoo*
le hace falta un secador   *he/she needs a hairdryer (also you formal)*

Remember **hace** *becomes* **hace<u>n</u>** *when referring to more than one item.*

me hace**n** falta toallas

Para saber más → página 131, 10.4

¿Quieres	ducharte? bañarte? lavarte el pelo? acostarte?	Sí, quiero No, no quiero	ducharme. bañarme. lavarme el pelo. acostarme.
¿Quieres ¿Te hace falta	un bocadillo? una aspirina?	Sí, quiero/Sí, me hace falta No, no quiero/No, no me hace falta	un bocadillo. una aspirina.
¿Quieres	ver la tele?	Sí, quiero/Sí, necesito	ver la tele. ...
¿Necesitas	tomar algo? ...	No, no quiero/No, no necesito	tomar nada. ...

 4a **Empareja los dibujos con las frases.**

1 ¿Necesitas una toalla?
2 Me hace falta tomar algo.
3 ¿Te hace falta una aspirina?
4 ¿Quieres llamar por teléfono?
5 Quiero acostarme.
6 Necesito ducharme.

a
b

c
d
e
f

 4b **Mira el cuadro de vocabulario otra vez y escribe una frase para cada dibujo.**

a
b
c

d
e
f

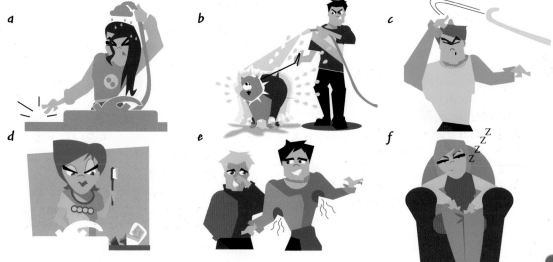

5 Unos regalos

Buying gifts. Describing someone's personality
Indirect object pronouns; adjectives

1 **Empareja los regalos con las personas. (1–4)**

1 la abuela

2 la hermana

3 los padres

4 Gerardo

a una gorra

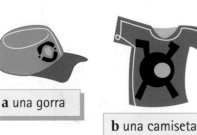

b una camiseta

f una caja de té

g un llavero

c una caja de
bombones

d una caja
de caramelos

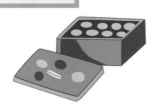

e una caja de galletas

Gramática

Pronouns

Pronouns generally come immediately before the verb unless it's in the infinitive.

¿Qué compras para tu/s abuelo/s?
What are you buying for your grandfather/ grandparents?

Le/les compro un regalo.
I'm buying him/them a present.

¿Quieres comprar**le/les** una caja de té?
Do you want to buy him/them a box of tea?

Le/Les *is an indirect object pronoun. It is used for him or her.*

Para saber más → página 131, 10.3

---

2 **Con tu compañero/a, pregunta y contesta.**

Ejemplo:
● ¿Qué compras para tu **abuelo**?
● **Le** compro (una gorra).

a abuelo   **b** abuela   **c** padres
d hermano   **e** hermanas

3a **Escribe el orden en que se menciona el carácter de cada persona. (1–8)**

Ejemplo: 1 – h

a trabajador(a)

b hablador(a)

c tranquilo/a

d serio/a

e simpático/a

f deportista

g estudioso/a

h sociable

 3b Escucha otra vez y empareja los nombres con los dibujos.

Ejemplo: Pili – h

Mercedes   Elisa   Enrique   Belén   Marta   Manuel   Julio   Pili

 4 Con tu compañero/a, describe el carácter de tus compañeros/as de clase.

Ejemplo:
- Es (tranquilo) y (serio). No es (hablador).
- Es (Ali).

 5 Empareja las personas con los regalos.

Ejemplo: hermano menor – 2

> Tengo que comprar regalos para mi familia. No sé qué comprar. **Mi hermano menor** es deportista y es aficionado al fútbol. **Mi hermano mayor** es muy trabajador y estudioso. Está en la universidad y trabaja en un supermercado también. **Mi prima** es sociable y tiene sentido del humor. **Mi padre** es muy serio. En su tiempo libre toca el piano y va a conciertos. **Mi madre** es tranquila. Le gusta la tranquilidad. **Mi abuela** es muy simpática y habladora. Le encanta hablar con todo el mundo.

menor *younger*
mayor *older*

1 *un teléfono móvil*

2 *una camiseta del Real Madrid*

3 *una pluma*

4 *un CD de música clásica*

5 *gel de baño perfumado*

6 *un vídeo de 'Friends' en español*

 6 Describe a cinco de tus amigos y elige un regalo ideal para cada uno.
Utiliza un diccionario.

Ejemplo: Melissa es (habladora) y (sociable). Le compro (un teléfono móvil).

6 Muchas gracias por el regalo

Writing a thank you letter

1a Escucha (1–3) y lee. Elige las palabras apropiadas para Alejandro, Paulina y Fran.

Ejemplo: *Alejandro – 1 e, abuelos*

1 Querido/a(s)
¡Hola!

  a amigo/a(s)
  b familia

  c tío/a(s)
  d primo/a(s)
  e abuelo/a(s)

2 Estimado/a(s)   señor(es)/señora(s)

3 Muchas gracias por

  a el regalo.
  b el dinero.
  c el CD.
  d la camiseta.

  e el póster.
  f la foto.
  g el llavero.

4 (No) Es (muy)
(bastante)

  a interesante.
  b fantástico/a.
  c bueno/a.
  d práctico/a.

  e aburrido/a.
  f horrible.
  g malo/a.

5 **a** Me encanta.
  b Me gusta (mucho).

  c No me gusta (nada).
  d Lo/La odio/detesto.

6 Eres
Sois
Es (usted)
Son (ustedes)

  a generoso/a(s)
  b simpático/a(s)
  c muy amable(s)

  d roñoso/a(s)
  e antipático/a(s)
  f poco amable(s)

7 **a** Escríbeme pronto.
  b Hasta pronto.
  c Un saludo (cordial),
  d Saludos,

  e Recuerdos a todos.
  f No me escribas nunca más.
  g Besos y abrazos,
  h Adiós,

> no me escribas *don't write to me*

1b Elige regalos para tu compañero/a. Comenta sobre cada regalo.

Ejemplo:
- La camiseta.
- Gracias por la camiseta. Es muy (práctica). (Me encanta). Eres muy (amable).

1c Mira la postal en **1a** otra vez y escribe una similar.

2a Empareja las cartas con los dibujos. Utiliza un diccionario.

1   2   3

a

¡Hola, Emilia!

¡Qué tal? Gracias por la invitación para pasar una semana en Madrid en tu piso. Eres muy amable. Quiero conocer la ciudad. Hay mucho de interés: los museos, el palacio y, naturalmente, las tiendas ... Te llamo por teléfono para confirmar las fechas.

Un beso,
Carmen

b

Querido Carlos:

Muchas gracias por la invitación para pasar unos días en tu casa en las montañas. Eres muy amable. Me encanta esquiar. Es mi deporte favorito. Llego el 21 de febrero por la tarde.

¡Hasta pronto!

Luisa

c

Estimados señores Baute:

Gracias por la invitación a su chalet en la costa en agosto. Son ustedes muy amables. Mis padres están de acuerdo y quiero aceptar su invitación.

Recuerdos a su hija Eva.

Un saludo cordial,

Valentín

2b Lee las cartas otra vez. ¿Verdad (✓) o mentira (✗) ?

a Los señores Baute tienen un chalet en el campo.
b Valentín acepta la invitación.
c La invitación de Valentín es para el invierno.
d El deporte preferido de Luisa es el esquí.
e Llega el 21 de febrero por la mañana.
f Emilia tiene un piso en la capital.
g En Madrid hay mucho de interés.

2c Recibes una invitación de tu amigo/a español(a). Escribe una carta para aceptarla. Utiliza las cartas de **2a** para ayudarte.

Resumen

I can ...

■ *ask someone's name and give mine*	¿Cómo te llamas? Me llamo Enrique.
■ *say my nationality and where I am from*	Soy español. Soy de Madrid.
■ *ask someone what their nationality is*	¿Cuál es tu nacionalidad?
■ *ask someone where he/she lives and say where I live*	¿Dónde vives? Vivo en Miami.
■ *say if I have any brothers or sisters*	Tengo una hermana y un hermano. Soy hijo/a único/a.
■ *ask someone if they have brothers or sisters*	¿Tienes hermanos/as?
■ *ask someone where they are from*	¿De dónde eres?
■ *say when my birthday is*	Mi cumpleaños es el 2 de febrero.
■ *ask others when their birthday is*	¿Cuándo es tu cumpleaños?
■ *ask someone what their hair is like and describe mine*	¿Cómo es tu pelo? Tengo el pelo largo.
G *make comparisons*	Shakira es más alta que Kylie Minogue.
■ *say what time I get up*	Me levanto a las siete.
■ *say what I have to eat*	Tomo cereales con leche.
■ *say where I go to eat*	Voy a casa a comer.
■ *say how I get somewhere*	Voy a pie.
■ *say what time classes start and finish*	Las clases empiezan a las ocho. Las clases terminan a la una y media.
■ *say what I do after school*	Hago los deberes. Juego al fútbol.
G *use some adverbs*	Me ducho rápidamente.
G *use demonstrative pronouns to say this/these*	Ésta es mi madre. Éste es mi padre. Éstos son mis tíos. Estás son mis primas.
■ *give the names of members of my family*	Se llama Jorge. Se llaman Pilar y Esme.
■ *say that I'm pleased to meet someone*	Encantado/Encantada/Mucho gusto.
■ *ask someone if they would like (a shower)*	¿Quieres ducharte?
■ *say (Yes) I would like (a shower)*	(Sí), quiero ducharme.
■ *ask someone if they need anything*	¿Necesitas una toalla?
G *use adjectives to say what someone is like*	Es deportivo/a.
G *use indirect object pronouns to say him/ her/them*	Le/Les compro una gorra.
■ *say thank you for something*	(Muchas) gracias por el CD.
■ *say I like it (very much)/I love it*	Me gusta(n) (mucho)./Me encanta(n).
G *use the immediate future*	Voy a hacer mis deberes.

Prepárate

1 Escucha las descripciones. Copia y rellena el cuadro.

Nombre	Edad	Vive en ...	Nacionalidad	Familia	Descripción
Vicente					
Conchita					
Sebastián					

2 Presenta a Enrique o Fátima a tu compañero/a.

Nombre:	Enrique	Fátima
Edad:	13	15
Vive en ...:	Salamanca	Ceuta
Familia:	0	
Pelo:		
Ojos:		

3 Lee la carta y contesta a las preguntas.

1 ¿A qué hora se levanta Lucas durante la semana?
2 ¿Cómo va al instituto?
3 ¿A qué hora empiezan y terminan las clases?
4 ¿Qué hace después de comer?
5 ¿Qué hace en el polideportivo?
6 ¿Qué tal juega al tenis?
7 ¿Qué tal toca la guitarra?
8 ¿Quién es más musical que Lucas?
9 ¿Qué hace antes de acostarse?
10 ¿A qué hora se acuesta normalmente?

antes de *before*

> Querida Magdalena:
> Voy a hablar de mi rutina diaria.
> De lunes a viernes me levanto a las seis y media. Normalmente voy al instituto en autobús porque está bastante lejos de mi casa. Las clases empiezan a las ocho y terminan a la una y media. Voy a casa y después de comer hago los deberes. Por la tarde me gusta ir al polideportivo. Soy bastante deportista. Practico la natación o juego al tenis. Juego bien al tenis. Me encanta. También me gusta la música y toco la guitarra. Desafortunadamente toco muy mal. Mi hermana es más musical que yo, ella toca muy bien. Después de cenar escucho música, leo un libro o veo la tele tranquilamente. Generalmente me acuesto a las once.
> Un saludo,
> Lucas

4 Escribe sobre tu rutina diaria.

7 ¡Extra! ¡Escríbeme pronto!

Revista **Mega Pop**

Busco Compro Vendo Cambio

Correo

¡Hola! Me llamo **Ana Luisa**. Tengo 13 años. Si quieres tener una amiga atrevida y marchosa sólo tienes que mandarme cartas. Bueno, me gustan los animales y me gusta el cine. Estoy loca por Brad Pitt. Vivo en la Calle Numancia, 41, 5°A, Cádiz.

¡Hola chicos/chicas! Me llamo **Pedro**. Tengo 15 años. Me gustan el baloncesto y la música grunge. Busco amigos guais de todas las edades. Escribid a: Pedro Gómez, Calle de la Huerta, 13, Tenerife.

¡Hola colegas! Soy un chico de 15 años. Me gustaría cartearme con chicos/chicas entre 14 y 16 años. Me encanta la música, sobre todo La Oreja de Van Gogh, Travis y los Stereophonics. Me gusta el fútbol y soy un aficionado del Valencia. **Wenceslas** Vidal, C/ Campo Real, 4, 3°C, Valencia.

¡Hola amigos! Me llamo **Nieves** y tengo 16 años. Me gustaría mantener correspondencia con chicos/chicas de 15 a 18 años. Me encantan las motos, los peluches y Alejandro Sanz. Si eres sincero y simpático, escríbeme mandando foto a: Nieves Barreto, C/ Gran Vía, 67 B, 3°, 3ª. Sevilla.

¡Hola amigos! Eres un chico o una chica, tienes entre 1 y 99 años, vives en cualquier rincón del mundo, no eres un burro ni un extraterrestre pero sí eres un ser humano y sabes escribir. ¡Pues a qué esperas para escribirme! Para tu información me llamo **Carlos**. Tengo 14 años y me encantan el deporte y la música. Escribe a: Carlos Sánchez, Calle París, 21, 1°, Madrid.

Somos **Isabel** y **Mireia** de 14 años. Somos simpáticas y abiertas. Nos gustaría escribirnos con gente divertida entre 13 y 16 años. Nos gusta la música, salir por ahí y sobre todo conocer a personas nuevas. ¡Escribidnos! Mireia Tobías, C/ Isla de Hierro, 39, 1°A. Aranda del Duero.

Se Vende

¡Hola! Vendo consola con mandos, pistola etc. Con 800 juegos todo por 45 euros. **María Carmen** Díaz, C/Belén 21, Madrid 46960.

¡Hola! Vendo órgano electrónico, junto con las patas. Es casi nuevo. A buen precio. **Miguel** Quitana, Calle Ribeira, 57, Vigo.

1a **Lee las cartas y contesta a las preguntas.**

CORREO

a ¿Dónde vive Pedro Gómez?
b ¿Cuántos años tiene Carlos Sánchez?
c ¿Crees que Carlos Sánchez es serio y tímido o loco y divertido?
d ¿Quién está loca por Brad Pitt?
e ¿Qué le gusta a Wenceslas y cuál es su equipo preferido?
f ¿Cómo son Isabel y Mireia?

SE VENDE

g ¿Qué vende María Carmen con la consola?
h ¿Qué vende Miguel?

atrevido/a	*cheeky*
marchoso/a	*lively*
loco/a por	*mad about*
guay/guais	*great*
cartearme con	*to correspond with*
los peluches	*soft toys*
cualquier rincón del mundo	*any corner of the world*
abierto/a(s)	*open*
escribidnos	*write to us (informal plural)*

1b **Empareja cada frase con la persona apropiada en 1.**

Ejemplo: *a – Pedro*

a Vivo en Tenerife. Me gusta el baloncesto.

b ¡Hola! Tengo 13 años. Mi actor preferido es Brad Pitt.

c ¡Hola! Tenemos 14 años. Nos gusta la música y nos gusta salir.

d Vivo en Sevilla. Quiero cartearme con chicos o chicas de 15 a 18 años.

e Si te gusta el fútbol y eres aficionado del Valencia, escríbeme una carta.

f ¡Hola! Si tienes entre 1 y noventa y nueve años y no eres un extraterrestre ¡escríbeme!

1c **Elige una de las cartas. Con tu compañero/a, pregunta y contesta para adivinar quién eres.**

Ejemplo:
● Me gustan los animales. ● Eres Ana Luisa. ● Sí.

2 **Escucha. Copia y rellena el cuadro.**

		Martín	Ester	Antonio	Carolina	José
edad		15 años				
los ojos	👁 👁	azules				
el pelo		negro				
le gusta		la música, el baloncesto				

3 *Write a letter in Spanish to* **Mega Pop** *magazine imagining either situation 'a' or 'b'.*

a *You want a penfriend, you like football and cinema, and you give two more details about yourself.*
b *You want to sell your Playstation.*

Palabras

Hablando de ti mismo/ de otros personas

Talking about yourself/ others

¿Cómo te llamas? — *What is your name?*

Me llamo … — *My name is …*

¿Cuál es tu nacionalidad? — *What is your nationality?*

Soy español/a. — *I'm Spanish.*

¿Tienes hermanos/as? — *Do you have any brothers/sisters?*

Tengo un hermano y una hermana. — *I have a brother and a sister.*

Tiene dos hermanos. — *He/She has two brothers/ brothers and sisters.*

¿Cómo se llama? — *What is his/her name?*

¿Cómo se llaman? — *What are their names?*

¿De dónde eres? — *Where are you from?*

Soy de … — *I'm from …*

¿Cuándo es tu cumpleaños? — *When is your birthday?*

Mi cumpleaños es el … — *My birthday is on the …*

¿Cuántos años tienes? — *How old are you?*

Tengo … años. — *I am … years old.*

¿Cómo es tu pelo? — *What is your hair like?*

Tengo … — *I have …*

el pelo largo — *long hair*

el pelo ondulado — *wavy hair*

el pelo castaño — *brown hair*

el pelo largo — *long hair*

bastante — *quite*

Tiene … años. — *He/She is … years old.*

Se llama … — *He/She is called …*

Tiene … animales. — *He/She has …animals.*

Es escocés/escocesa — *He/She is Scottish.*

Es irlandés/irlandesa — *He/She is Irish.*

Comparaciones

Comparisons

Es más … que … — *He/She is more … than …*

Es menos … que … — *He/She is less … than …*

famoso/a — *famous*

alto/a — *tall*

bajo/a — *short*

Pesa menos que … — *He/she weighs less than …*

Desafortunadamente

Unfortunately

rápidamente — *quickly*

normalmente — *usually*

bien — *well*

mal — *badly*

bueno/a — *good*

malo/a — *bad*

Mi rutina diaria

My daily routine

Me levanto a las siete. — *I get up at seven.*

Tomo cereales con leche. — *I have cereal with milk.*

Voy al instituto a pie. — *I walk to school.*

Las clases terminan a la una y media. — *Classes finish at 1.30.*

Voy a casa a comer. — *I go home for lunch.*

Hago los deberes. — *I do my homework.*

Juego … — *I play …*

al fútbol — *football*

al baloncesto — *basketball*

Me gusta(n) mucho … — *I love …*

los deportes — *sports*

ir al cine — *to go to the cinema*

Voy a … — *I am going to …*

hacer mis deberes — *do my homework*

venir a clase — *come to class/school*

Éste es …

This is …

mi padre — *my father*

mi tío — *my uncle*

mi hermano — *my brother*

mi hámster — *my hamster*

mi ratón — *my mouse*

mi gato — *my cat*

Ésta es … — *This is …*

mi madre — *my mother*

mi tía — *my aunt*

mi hermana — *my sister*

Éstos son … — *These are …*

mis padres — *my parents*

mis primos — *my cousins*

mis tíos — *my aunt and uncle/aunts and uncles/uncles*

Éstas son … — *These are …*

mis primas — *my cousins*

Mucho gusto. — *(I'm) Pleased to meet you.*

Encantado/Encantada. — *(I'm) Pleased to meet you.*

¿Qué necesitas?

What do you need?

¿Quieres …? — *Do you want … ?*

ducharte — *to have a shower*

bañarte — *to have a bath*

lavarte el pelo — *to wash your hair*

acostarte — *to go to bed*

(Sí) Quiero … — *(Yes) I want …*

un bocadillo — *a sandwich*

una aspirina — *an aspirin*

ver la tele — *to watch TV*

(No) No quiero … — *(No) I don't want/need …*

¿Necesitas … — *Do you need …*

tomar algo? — *something to eat/drink?*

¿Te hace(n) falta … — *Do you need …*

una toalla	a towel
un secador	a hairdryer
un peine	a comb
un cepillo (de dientes)	a (tooth)brush
gel de ducha	shower gel
jabón	soap
champú	shampoo
colonia	cologne
desodorante	deodorant
pasta de dientes	toothpaste
Sí (No) necesito …	Yes I (don't) need …
tomar nada	anything
(Sí) Me hace(n) falta …	(Yes) I need …
(No) No me hace(n) falta …	(No) I don't need ...

¿Cómo es? — *What is he/she like?*

(No) Es …	He/She is(n't) …
(muy) trabajador/a	(very) hard-working
hablador/a	talkative
tranquilo/a	quiet
serio/a	serious
simpático/a	nice/friendly
deportista	sporty
estudioso/a	hard-working
sociable	sociable

Comprando regalos — *Buying presents*

¿Qué compras para …	What are you buying for …
tu hermano mayor?	your elder brother?
tu hermano menor?	your younger brother?
tu abuelo/a?	your grandfather/ grandmother?
Le/Les compro …	I'm buying him/her/ them …
un regalo	a present
una gorra	a cap
una camiseta	a T-shirt
una caja de bombones	a box of chocolates
una caja de caramelos	a box of sweets
una caja de galletas	a tin of biscuits
una caja de té	a box of tea
un llavero	a key ring
un teléfono móvil	a mobile phone
una pluma	a fountain pen
un CD (de música clásica)	a (classical music) CD
gel de baño perfumado	some scented bath gel
un vídeo	a video

Las cartas — *Letters*

Querido/a(s) …	Dear … (familiar)
Estimado/a(s) …	Dear … (formal)
Gracias por el dinero.	Thank you for the money.
la foto	the photo

el regalo	the present
el póster	the poster
Me encanta.	I love it.
No me gusta nada.	I don't like it at all.
Lo/La detesto.	I hate it. (m/f)
Muchas gracias por la invitación …	Thank you very much for the invitation …
a pasar una semana en tu casa	to spend a week at your house
a ir a las montañas	to go to the mountains
a ir a tu instituto	to go to your school
Eres muy amable.	You're very kind. (familiar)
Es (usted) muy amable.	You're very kind. (formal)
Sois muy generosos/as.	You're very generous. (familiar)
Son (ustedes) muy generosos/as.	You're very generous. (formal)
Recuerdos a todos.	Love to everybody./ Regards to everybody.
Un saludo (cordial).	(Best) Regards.
Un abrazo,	Love,
Besos y abrazos	Lots of love
Escríbeme pronto.	Write to me soon.
No me escribas (nunca) más.	Don't write to me (ever) again.
Hasta pronto.	See you soon./Talk to you soon.

¿Dónde vives? — *Where do you live?*

Vivo en …	I live in …
un piso antiguo	an old flat
un piso moderno	a modern flat
Mis primos viven en …	My cousins live in …
una casa grande …	a big house …
en Madrid	in Madrid
Oscar vive …	Oscar lives …
en las afueras de la ciudad	in the outskirts of the city

¿Te gusta … ? — *Do you like … ?*

Me gusta(n)/ me encanta(n) …	I like/I love …
el tenis	tennis
salir	going out
conocer a personas nuevas	meeting new people
las motos	motor bikes
los peluches	soft toys
el deporte y la música	sports and music
Soy aficionado del Valencia.	I'm a Valencia fan.
Mi hermano es aficionado del United.	My brother's a United fan.

1 ¿Qué comes?

Saying what you have to eat. Talking about meal times in Spain and the UK ■■ ■■

Escuchar

1a ¿Qué comida le gusta o no le gusta a Rodrigo? Escribe la letra del dibujo y marca con ✓ o ✗. (1–8)

Ejemplo: 1 e ✓ f ✓

a los mariscos

b la ensalada

c las verduras

d la sopa

e el pollo

f el arroz

g las salchichas

h los huevos

i el pescado

j la tarta

k la fruta

l el helado

m la carne

Gramática

me encanta(n) 😊😊😊
me gusta(n) mucho 😊😊
me gusta(n) 😊
no me gusta(n) ☹
no me gusta(n) nada ☹☹
odio ☹☹☹

Para saber más → página 135, 20

Hablar

 1b Con tu compañero/a pregunta y contesta.

Ejemplo:
● ¿Te gusta el (pescado)?
● No, odio el (pescado). Prefiero (la carne).

¿Qué desayunas?	Desayuno ...	
¿Qué	comes	de primer plato?
	cenas	de segundo plato?
	tomas	de postre?
Como ...		
Ceno ...		
Tomo ...		

Escuchar

2a ¿Qué comen o cenan estas personas? Copia y rellena el cuadro. (1–4)

	primer plato			segundo plato							postre		
	a	b	c	d	e	f	g	h	i	j	k	l	m
Pablo													
Ester													
Rubén													
Patricia													

 2b Con tu compañero/a pregunta y contesta.

Ejemplo:
- ¿Qué desayunas?
- ¿Qué comes de (primer plato)?

- Desayuno (cereales).
- Normalmente como (sopa).

 3a Lee el correo electrónico de Fátima. ¿Verdad (✓) o mentira (✗)? Utiliza un diccionario.

¡Hola!

Para el desayuno no tomo mucho. Desayuno café con leche, galletas o pan.

En España la comida es a las dos o las tres. Es la comida principal del día.
En mi casa la comida es a las dos. De primer plato normalmente tomo sopa
o verduras y de segundo plato tomo carne (chuletas, por ejemplo o pollo con arroz). De postre
siempre como fruta.

Los domingos de primer plato a veces comemos mariscos, por ejemplo gambas o calamares.
De segundo plato comemos paella o cordero y de postre flan o tarta helada.

En España cenamos tarde. La cena es a las diez. De primer plato ceno tortilla y de segundo tomo
pescado con ensalada y pan. De postre hay fruta otra vez. En España comemos mucha fruta.

¿A qué hora comen y cenan los británicos? ¿Y tú? ¿Qué comes y cenas?
Saludos

Fátima

1 Fátima desayuna mucho.
2 Toma té con leche.
3 Los españoles comen a las dos o las tres.
4 Fátima come a las dos y media.
5 Para la comida, toma carne de segundo plato.
6 Los domingos Fátima come sopa de primer plato.
7 Los españoles cenan tarde.
8 Fátima cena a las diez.
9 No toma primer plato.
10 De postre hay flan.

 3b Corrige las frases falsas.

 3c Contesta al correo electrónico de Fátima.

Ejemplo: En mi casa, la comida es (a la una y media). De primer plato tomo (sopa).

2 ¿Qué te gusta comer?

Saying what type of food you like and why.
Using ¿Por qué? and 'porque'

1a ¿Qué tipo de comida les gusta a estas personas? (1–6)
What type of food do these people like?

Ejemplo: 1 – a

b la comida india
c la comida china
d la comida italiana
g la comida vegetariana
a la comida rápida
e la comida mexicana
f la comida caribeña

1b Haz un sondeo. Pregunta a tus compañeros/as de clase. Copia y rellena el cuadro.

Ejemplo:
- ¿Qué tipo de comida te gusta?
- (Me gusta/Prefiero) la comida (vegetariana).

Nombre	Le gusta

2a Escucha y elige las opiniones apropiadas de Martín para cada plato.

Ejemplo: 1 – ricos

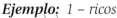

1 los perritos calientes
2 las salchichas
3 el flan
4 las gambas

5 las chuletas
6 las sardinas

sano/a(s)	grasiento/a(s)	sabroso/a(s)
delicioso/a(s)	salado/a(s)	picante(s)
rico/a(s)	nutritivo/a(s)	dulce(s)

Gramática

Agreement of adjectives

el flan es delicios**o**
la ensalada es nutritiv**a**
los perritos calientes son sabros**os**
las salchichas son grasient**as**

Para saber más → página 128, 7.1

2b Con tu compañero/a, pregunta y contesta.

Ejemplo:
- ¿Cuál es tu plato preferido?
- ¿Por qué?

- Mi plato preferido es (chuletas).
- Porque (son deliciosas).

Gramática

Soler

To say that you usually do something, use the verb **soler** + *the infinitive.*

¿Sueles comer fruta?	*Do you usually eat fruit?*
Sí, suelo comer fruta de postre.	*Yes, I usually eat fruit for dessert.*
No, suelo comer flan.	*No, I usually eat flan.*

Para saber más → página 136, 21.4

3a Lee las opiniones de las personas. Empareja los dibujos con las descripciones.

1  *2*  *3*

a
Prefiero la comida española. Mi plato preferido es la paella. La paella es un plato de arroz con mariscos y pescado. Los españoles suelen comer mucho pescado. Es muy sano y nutritivo.
Joaquín

b
Soy de Cuba. La comida caribeña es sabrosa. Un plato típico cubano es el pollo frito con arroz y legumbres y plátanos fritos. ¡Qué rico! Pedro

c
No me gusta la comida rápida, es muy salada y grasienta. No es sana ni nutritiva. Me encanta la comida mexicana. Mi plato preferido es el guacamole con tacos. El guacamole es una salsa de aguacates y tomates con un poco de chile. Es picante.
Guadalupe

3b Contesta a las preguntas.

1 *What ingredients does paella have?*
2 *What do Spanish people eat a lot of?*
3 *What does Pedro think of Caribbean food?*
4 *What is a typical Cuban meal?*

5 *Why doesn't Guadalupe like fast food?*
6 *What type of food does she like?*
7 *What does guacamole consist of?*
8 *Why does she like it?*

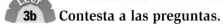

3c Escribe frases sobre la comida y los platos que te gustan y no te gustan.

3 De compras

Buying fruit and vegetables. Finding out how much things cost

1a Escucha y escribe las frutas y verduras en el orden correcto. (1–10)

Ejemplo: 1 – c

a los plátanos

b las naranjas

c las peras

d las uvas

e las manzanas

f los tomates

g las patatas

h las lechugas

i las cebollas

j las zanahorias

1b Escucha otra vez y repite. Pon atención a la pronunciación.

2a ¿Qué compran los clientes y en qué cantidades? (1–5)

What do the customers buy and in what quantities?

Ejemplo: 1 – 1 kilo de naranjas

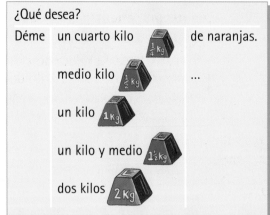

¿Qué desea?

Déme	un cuarto kilo	de naranjas.
	medio kilo	...
	un kilo	
	un kilo y medio	
	dos kilos	

2b Mira los dibujos. Con tu compañero/a, pregunta y contesta.

Ejemplo:

- ¿Qué desea?
- Déme (un kilo) de (naranjas).
- ¿Algo más?
- Sí, (un cuarto kilo) de (uvas)./ Nada más, gracias.

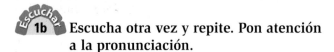

3a ¿En qué orden se mencionan los precios y cuáles son? (1–6)
In what order are the prices mentioned and what are they?

Ejemplo: 1 tomates – 3 euros

3b Con tu compañero/a, pregunta y contesta.

Ejemplo:
● ¿Cuánto cuesta un kilo de zanahorias?
● 2 euros. ¿Cuánto es un kilo de uvas?
● 4 euros.

¿Cuánto	cuesta ...?
	es?
Cuesta ... euro(s).	

Los billetes

500 euros

200 euros

100 euros

50 euros

20 euros

10 euros

5 euros

Las monedas

2 euros

1 euro

50 céntimos

20 céntimos

10 céntimos

5 céntimos

2 céntimos

1 céntimo

4 Escribe un diálogo entre un(a) cliente y un(a) tendero/a en el mercado.
Write a dialogue between a customer and a market stall holder.

Ejemplo:
● Buenos días. ¿Qué desea?　　● Un kilo de (manzanas).

4 Cien gramos de jamón y una barra de pan

Buying food and drink in a shop. Numbers 31-1000

1a Escucha y escribe los números.

0 cero	**40** cuarenta	**100** cien	**500** quinientos
10 diez	**50** cincuenta	**110** ciento diez	**600** seiscientos
15 quince	**60** sesenta	**200** doscientos	**700** setecientos
20 veinte	**70** setenta	**300** trescientos	**800** ochocientos
25 veinticinco	**80** ochenta	**400** cuatrocientos	**900** novecientos
30 treinta	**90** noventa		
35 treinta y cinco			**1000** mil

1b Escribe los números.

Ejemplo: a – 66

a sesenta y seis
b setenta y dos
c ochenta y tres
d noventa y nueve
e ciento once

f ciento cincuenta
g ciento noventa y ocho
h doscientos cincuenta
i quinientos veinte
j seiscientos setenta y cinco

1c Escribe diez números del 31 al 1000. Lee los números a tu compañero/a. Tu compañero/a los escribe.

2a Lee la lista de la compra y empareja las cosas con los artículos en la foto.

a una botella de limonada
b 200 gramos de queso
c 250 gramos de chorizo
d 500 gramos de jamón
e una barra de pan
f un cartón de leche
g una docena de huevos
h un paquete de galletas
i una caja de pasteles
j una lata de sardinas

2b Escucha y comprueba tus respuestas.

2c Escucha las conversaciones. ¿Qué desean los clientes?
Copia y rellena el cuadro con las cantidades apropiadas.

	sardinas	galletas	limonada	chorizo	huevos	jamón	leche	pan	queso
1	1				6			2	
2									
3									
4									
5									

3 Con tu compañero/a, haz un diálogo entre un(a) cliente y un(a)
tendero/a en la tienda de comestibles.
With your partner, make up a conversation between a customer and a shopkeeper in the grocer's.

Ejemplo:
● ¿Qué desea?
● (Doscientos cincuenta gramos de jamón), por favor.
● ¿Algo más?
● Sí, (una barra de pan)./No, nada más, gracias.

4 Escribe una lista de la compra para una
merienda para diez amigos.

5 ¡Que aproveche!

Saying you are hungry and thirsty. Ordering tapas and drinks ■■■■■■■■■

A comer ...
TAPAS
1 gambas
2 patatas bravas
3 calamares
4 tortilla española
5 jamón serrano
6 chorizo
7 aceitunas

A beber ...
8 naranjada
9 agua con gas
10 agua sin gas
11 cerveza

De postre ...
12 helado de vainilla / fresa / chocolate
13 flan

1a Lee y escucha.

Gerardo:	¿Tienes hambre?
Oscar:	Bueno ... no tengo mucha hambre.
Gerardo:	Bueno, voy a pedir unas tapas. ¿Tienes sed?
Oscar:	Sí, tengo sed.
Gerardo:	¿Qué vas a beber?
Oscar:	Agua con gas.
El camarero:	¿Qué van a tomar?
Gerardo:	Calamares, unas patatas bravas ... y jamón serrano.
El camarero:	¿Y qué van a beber?
Gerardo:	Una naranjada para mí. Y para él, agua con gas.
El camarero:	¿Van a tomar algo más?
Gerardo:	Un helado de vainilla, fresa y chocolate.
El camarero:	¿Algo más?
Oscar:	¡Y dos cucharas!
El camarero:	¡Vale!
Gerardo:	Y la cuenta, por favor.
El camarero:	Claro. En seguida.

Gramática
Tener

*Notice how the verb **tener** is used to describe being hungry or thirsty.*

Tengo hambre	*I'm hungry*
Tengo sed	*I'm thirsty*

Para saber más → página 135, 21.1

dos cucharas	*two spoons*
la cuenta, por favor	*the bill please*
en seguida	*right away*

1b Lee el texto otra vez y completa las frases con Oscar o Gerardo.

1 _Gerardo_ tiene hambre.
2 _____ tiene sed.
3 _____ no tiene mucha hambre.

4 _____ bebe una naranjada.
5 _____ bebe un agua con gas.
6 De postre, _____ y _____ comen un helado.

1c Mira el menú otra vez. Escucha y escribe los números de las cosas mencionadas. (1–6)

Ejemplo: 1 – 1, 3

2 Con tu compañero/a, haz un diálogo entre un camarero y un cliente.

Ejemplo:
● Buenos días. ¿Qué va a tomar?
● Para mí (jamón serrano) y (patatas bravas).
● ¿Y de beber, qué va a tomar?
● (Una naranjada).

¿Qué va(n) a tomar?	Para mí, ... Para él, ... Para ella, ...	aceitunas ...
¿Qué va(n) a beber?		una cerveza ...
¿Va(n) a tomar algo más?		un flan ... No, nada más. La cuenta, por favor.

3 Lee los textos. Escribe una frase para pedir dos cosas para cada persona.
Read the texts. Write a sentence to ask for two things for each person.

Ejemplo: 1 – Para ella, chorizo y jamón serrano.

1 Patricia Me gusta la carne. No me gusta nada el pescado.
2 Emilio Soy vegetariano. No como ni carne ni pescado.
3 Luisa Adoro las patatas pero odio las aceitunas. Prefiero la carne al pescado.
4 Enrique No tengo mucha hambre. Tengo sed. Quiero algo de beber y algo dulce, un postre.
5 Ester Voy a tomar una tapa y después un helado. No me gusta el chocolate. No tengo sed.
6 Tomás Quiero algo de beber. No me gusta el agua mineral. Odio la cerveza. Tengo hambre. Me encanta la tortilla española.

Gramática

Pronouns with prepositions

*Note the Spanish words for **me**, **you**, **him**, **her** etc. that are used after the prepostion* **para** *(for).*

para **mí**	*for me*
para **él**	*for him*
para **ella**	*for her*
para **usted/ustedes**	*for you*

Para saber más → página 131, 10.5

Talking about healthy eating. Dealing with more complex text ■■■■■■■■■

Los expertos en nutrición dicen que la dieta tradicional del Mediterráneo es sana. En comparación con los habitantes de América del Norte y el Reino Unido, los habitantes de los países mediterráneos suelen tener colesterol reducido y tienen menos problemas del corazón. La dieta de la región mediterránea incluye verduras, legumbres, frutas, pescado, aceite de oliva y vino. Hay sustancias muy nutritivas en esta combinación de ingredientes. Los alimentos que se recomiendan para una dieta sana son:

LA DIETA MEDITERRÁNEA

el aceite de oliva

la dieta sana	*healthy diet*
suelen tener	*they usually have*
el corazón	*heart*
las sustancias	*substances*
los alimentos	*foods*
integral	*wholegrain*
dulces	*sweet things*
legumbres	*pulses*

ALGUNAS VECES AL MES
carne roja

ALGUNAS VECES A LA SEMANA
pollo   huevos   pescado
dulces

TODOS LOS DÍAS
aceite de oliva y aceitunas
queso, yogur y leche
frutas
verduras, legumbres y ensalada
pan y cereales (especialmente integrales)
pasta, arroz, cuscús, polenta y bulgur

Leer

1 Lee la información. ¿Verdad (✓) o mentira (✗)?

1 La dieta mediterránea es sana.
2 Los británicos tienen menos problemas del corazón que los españoles.
3 En los países mediterráneos los habitantes suelen tener colesterol reducido.
4 La dieta mediterránea contiene fruta, pescado y aceite de oliva.
5 Se recomienda comer carne roja todos los días.
6 La dieta mediterránea tradicional no incluye comida rápida.
7 Se recomienda comer pollo, huevos o pescado algunas veces a la semana.
8 Se recomienda tomar leche, pan y fruta todos los días.

Gramática ■■■■■

Talking about frequency

Bebemos vino algunas veces **al** mes.
We drink wine a few times a month.

Como pescado algunas veces **a la** semana.
I eat fish a few times a week.

Como fruta y verduras todas los días.
I eat fruit and vegetables every day.

Remember: **a** + **el** = **al**   **a** + **la** = **a la**

Para saber más → página 127, 6.5

 2 **¿Con qué frecuencia comen estas personas los alimentos mencionados? Copia y rellena el cuadro.**

algunas veces al mes = ✓   algunas veces a la semana = ✓✓   todos los días = ✓✓✓

1					
2					
3					

 3 **Haz un sondeo. Copia y completa el cuadro de 2 para diez compañeros/as de clase.**

Ejemplo:
- ● ¿Alana, con qué frecuencia comes (carne roja)?
- ● ¿Y comes (pescado) algunas veces a la semana?
- ● ¿Comes (queso) o bebes (leche) todos los días?

- ● Algunas veces al mes.
- ● Sí, algunas veces a la semana.
- ● Sí, todos los días.

 4a **Lee los textos. Explica quién tiene la dieta más sana y la dieta menos sana y por qué.**

Ejemplo: (Roberto) tiene la dieta menos sana porque (come carne todos los días, pero no come …)

Como carne todos los días. No me gusta mucho la ensalada, ni las verduras. Como fruta algunas veces al mes. No bebo leche. Para beber prefiero una Coca-Cola o una naranjada.

Roberto

Soy vegetariana. No como carne. Como pescado algunas veces al mes. Como ensalada, verduras o fruta todos los días. Me gustan mucho los dulces pero no como pan. No bebo leche todos los días porque no me gusta. Odio el queso también.

Rebeca

Mis platos preferidos son pasta y ensalada. También me gusta la comida india y la comida china así que como arroz varias veces a la semana. Siempre desayuno cereales con leche y fruta y pan integral. No me gusta mucho la carne roja. Prefiero el pescado o el pollo.

Juan

Gramática

Comer and **Beber**

como	*I eat*
comes	*you eat*
come	*he/she eats; you (polite) eat*
bebo	*I drink*
bebes	*you drink*
bebe	*he/she drinks; you (polite) drink*

Para saber más → página 132, 14.1

 4b **Escribe frases sobre tu dieta.**

Ejemplo: Como carne, pescado o pollo algunas veces a la semana …

Resumen

I can ...

▪ *say what I will/won't eat*	(No) Como verduras.
▪ *ask someone what they want to eat*	¿Qué comes/cenas/tomas de primer plato/de segundo plato/de postre?
▪ *say what foods I like/love to eat*	Me gusta(n) el pollo (las gambas). Me encanta(n) el pescado (las chuletas).
▪ *say what foods I don't like/hate*	Detesto/Odio las sardinas.
▪ *ask someone what they like to eat*	¿Te gusta(n) el flan (las chuletas)?
▪ *say what time meals are*	La comida es a las dos.
▪ *say what kind of food I (don't) like*	(No) Me gusta la comida rápida.
▪ *say what kind of food I prefer*	Prefiero la comida india.
▪ *ask someone what kind of food they like*	¿Qué tipo de comida te gusta?
▪ *say what my favourite dish is*	Mi plato preferido es flan/chuletas.
G *make longer sentences by using* porque	… porque es sano/son deliciosos.
G *use* soler + *inf. to say what I usually do*	Suelo comer fruta.
▪ *ask someone what their favourite dish is*	¿Cuál es tu plato preferido?
▪ *say what I would like*	Deme un kilo de peras.
▪ *ask someone if they would like anything else*	¿Algo más?
▪ *say I don't want anything else*	(No) Nada más.
▪ *ask and say how much something costs*	¿Cuánto cuesta un kilo de plátanos? Cuesta 2 euros.
▪ *count from 0 to 1000*	Cero/diez/quince/veinte/… mil
▪ *say I'm hungry/thirsty*	Tengo hambre. Tengo sed.
▪ *ask if someone is hungry or thirsty*	¿Tienes hambre? ¿Tienes sed?
▪ *order for myself or someone else*	Para mí/Para él/Para ella …
▪ *say how often I eat/drink different foods*	Como fruta todos los días.

Prepárate

1 Escucha las conversaciones. Copia y rellena el cuadro.

Cliente	¿Qué compra?	¿Cantidades?	¿Cuánto es?
1			
2			
3			

2 Mira los dibujos. Con tu compañero/a haz un diálogo entre un camarero y un(a) cliente.

¿Qué va a tomar?

¿De beber?

¿Va a tomar algo más?

3 Lee la carta y contesta a las preguntas.

1 ¿Qué desayuna Julia?
2 ¿A qué hora es la comida en el instituto?
3 ¿Qué come generalmente?
4 ¿A qué hora cenan en casa de Julia?
5 ¿Qué hay de primer plato?
6 ¿Qué comen de segundo plato?
7 ¿Qué come siempre con las comidas?
8 ¿Qué bebe?
9 ¿Qué suele tomar de postre?
10 ¿Por qué?

Para el desayuno tomo zumo de naranja, cereales y té con leche. ¿Qué desayunas tú? La hora de comer en el instituto es a las dos. ¿A qué hora es la comida en tu instituto? Normalmente como comida rápida, una hamburguesa con patatas fritas o pizza, por ejemplo. ¿Qué comes normalmente en el instituto?

La cena en mi casa es normalmente a las nueve y media. Y en tu casa, ¿a qué hora cenas? De primer plato comemos sopa o ensalada. De segundo plato comemos carne o pescado con patatas. ¿Qué cenáis?

A veces comemos arroz con pollo que es mi plato preferido. Me encanta el arroz con pollo de mi madre. ¡Es delicioso! ¿Cuál es tu plato preferido? Siempre como pan con las comidas y bebo agua. De postre suelo comer fruta porque es sano. ¿Sueles tomar postre? ¿Qué bebes con las comidas?

Julia

4 Escribe una carta y contesta a las preguntas de Julia.

7 ¡Extra! ¡Feliz Navidad!

¿Cómo se celebra la Navidad en España?

El 24 de diciembre se llama Nochebuena. En España se celebra más Nochebuena que el Día de Navidad. Se celebra con una cena especial en casa con la familia. Se cena pescado o a veces pavo y de postre se come turrón.

Turrón es un dulce especial de Navidad. Contiene almendras y miel.

Después de cenar se va a la iglesia a medianoche para celebrar la misa del gallo y se cantan villancicos.

Una costumbre es montar un belén o nacimiento. Es una escena en miniatura con figuras de José, María y el Niño Jesús. Se montan nacimientos en casa, en plazas, en las iglesias. Hay también nacimientos vivientes.

En España se reciben regalos de los Reyes Magos y no de Papá Noel. El Día de los Reyes Magos es el 6 de enero. Los niños ponen sus zapatos en el balcón para recibir los regalos.

El 31 de diciembre se llama Nochevieja. Se comen doce uvas a medianoche para traer suerte. En Madrid la gente se reúne en la Puerta del Sol para comer las uvas.

1 Lee sobre las tradiciones de Navidad en España y contesta a las preguntas. Utiliza un diccionario.

1 ¿Cuándo se celebra Nochebuena?
2 ¿Qué se celebra más en España?
3 ¿Qué se cena en Nochebuena?
4 ¿A qué hora se celebra la misa del gallo?
5 ¿Dónde se montan nacimientos?
6 ¿Qué día se reciben los regalos?
7 ¿Dónde se ponen los zapatos?
8 ¿Qué se come en Nochevieja?

¡Feliz Navidad!	*Happy Christmas!*
la Nochebuena	*Christmas Eve*
la Nochevieja	*New Year's Eve*
el pavo	*turkey*
la iglesia	*church*
la misa del gallo	*midnight mass*
el belén/nacimiento	*nativity scene*
los Reyes Magos	*the Three Kings*
la medianoche	*midnight*
el árbol	*tree*
las tarjetas	*cards*
los zapatos	*shoes*

Gramática

The passive

In Spanish you use the reflexive pronoun **se** *to say that something is being done.*

se celebra con una cena	*it is celebrated with a dinner*
se come turrón	*nougat is eaten*
se cantan villancicos	*carols are sung*
se montan nacimientos	*nativity scenes are put up*
se reciben regalos	*presents are received*

Para saber más → página 136, 22

2 Escucha la conversación y completa las frases con las palabras apropiadas.

1 En el Reino Unido se celebra más …
  a el Día de Navidad
  b Nochebuena
  c Nochevieja

2 Se adorna …
  a un belén
  b un árbol
  c una tarjeta

3 Se cantan …
  a villancicos
  b canciones
  c regalos

4 Se mandan …
  a tarjetas
  b árboles
  c pavos

5 El Día de Navidad …
  a se dan medias
  b se dan pavos
  c se dan los regalos

6 Se ponen los regalos en …
  a los zapatos
  b les calcetines
  c las mochilas

7 El Día de Navidad se celebra con …
  a un desayuno
  b una cena
  c una comida

8 Se come …
  a pollo
  b pavo
  c pescado

9 Después …
  a se ve la televisión
  b se va al cine
  c se va de compras

10 Nochevieja se celebra mucho en …
  a Irlanda
  b Inglaterra
  c Escocia

3a Elige una fiesta. Con tu compañero/a, haz y contesta a las preguntas.

- ¿Qué fiesta se celebra más en tu casa?
- ¿Cómo se celebra?
- ¿Se mandan tarjetas?
- ¿Se dan regalos?
- ¿Qué se come?

3b ¿Qué fiesta se celebra en tu casa? Escribe unas frases describiendo cómo se celebra en tu casa.

Ejemplo: *En mi casa se celebra (la Navidad …)*

Palabras

¿Qué desayunas?	*What do you have for breakfast?*
Desayuno …	*I have … for breakfast.*
Desayuna …	*He/She has … for breakfast.*
¿Qué comes?	*What do you eat (for lunch)?*
¿Qué cenas?	*What do you eat for dinner/supper?*
¿Qué tomas …?	*What do you have …?*
de primer plato	*for first course*
de segundo plato	*for second course*
de postre	*for dessert*
Como …	*I eat …*
Come …	*He/She eats …*
Ceno …	*I eat … (for dinner)*
Cena …	*He/She eats … (for dinner)*
Tomo …	*I eat/drink …*
Toma …	*He/She eats/drinks …*

¿Qué te gusta?	*What do you like?*
Me encanta(n) …	*I love …*
Me gusta(n) (mucho) …	*I like … (very much).*
No me gusta(n) …	*I don't like …*
No me gusta(n) nada …	*I don't like … at all.*
Odio …	*I hate …*
los mariscos	*seafood*
la ensalada	*salad*
las verduras	*(green) vegetables*
¿Sueles comer …?	*Do you usually eat …?*
No (Suelo) comer …	*I (don't) usually eat …*
Los perritos calientes son …	*Hot dogs are …*
Las salchichas son …	*Sausages are …*
Las gambas son …	*Prawns are …*
Las chuletas son …	*Chops are …*
Las sardinas son (están) …	*Sardines are …*
El flan es (está) …	*Crème caramel is …*
sano/a(s)	*healthy*
grasiento/a(s)	*greasy*
sabroso/a(s)	*tasty*
delicioso/a(s)	*delicious*
salado/a(s)	*salty*
picante(s)	*spicy/hot*
rico/a(s)	*tasty*
nutritivo/a(s)	*nutritious*
dulce(s)	*sweet*
¿Cuál es tu plato preferido?	*What is your favourite dish?*
Mi plato preferido es …	*My favourite dish is …*
¿Por qué?	*Why?*
Porque es/son …	*Because it is/they are …*

¿Qué desea?	*What would you like?*
Deme …	*Give me …*
un cuarto kilo de …	*a quarter of a kilo of …*
medio kilo de …	*half a kilo of …*
un kilo de …	*a kilo of …*
un kilo y medio de …	*a kilo and a half of …*
dos kilos de …	*two kilos of …*
plátanos	*bananas*
naranjas	*oranges*
peras	*pears*
uvas	*grapes*
manzanas	*apples*
zanahorias	*carrots*
cebollas	*onions*
lechugas	*lettuces*
patatas	*potatoes*
tomates	*tomatoes*
¿Algo más?	*Anything else?*
una botella de limonada	*a bottle of lemonade*
200 gramos de queso	*200 grams of cheese*
500 gramos de jamón	*500 grams of ham*
una barra de pan	*a loaf of bread*
un cartón de leche	*a carton of milk*
un paquete de galletas	*a packet of biscuits*
una caja de pasteles	*a box of cakes*
una lata de sardinas	*a tin of sardines*
(No) Nada más, gracias.	*(No) Nothing else, thank you.*
¿Cuánto cuesta …?	*How much does … cost?*
¿Cuánto es?	*How much is it?*
Cuesta … euros.	*It cost … euros.*

Los números	*Numbers*
cero	*zero, nought*
diez	*ten*
quince	*fifteen*
veinte	*twenty*
veinticinco	*twenty five*
treinta	*thirty*
treinta y cinco	*thirty five*
cuarenta	*forty*
cincuenta	*fifty*
sesenta	*sixty*
setenta	*seventy*
ochenta	*eighty*
noventa	*ninety*
cien	*one hundred*
ciento diez	*one hundred and ten*
doscientos/as	*two hundred*
trescientos/as	*three hundred*
cuatrocientos/as	*four hundred*
quinientos/as	*five hundred*

seiscientos/as	*six hundred*
setecientos/as	*seven hundred*
ochocientos/as	*eight hundred*
novecientos/as	*nine hundred*
mil	*one thousand*

¿Tienes hambre? — *Are you hungry?*

(Sí) Tengo hambre.	*(Yes) I'm hungry.*
¿Tienes sed?	*Are you thirsty?*
(Sí) Tengo sed.	*(Yes) I'm thirsty.*
¿Qué va(n) a tomar?	*What are you going to have?*
Para mí/él/ella …	*For me/him/her …*
gambas	*prawns*
patatas bravas	*fried potatoes with spicy tomato sauce*
calamares	*squid*
tortilla española	*Spanish omelette*
jamón serrano	*cured ham*
chorizo	*chorizo*
aceitunas	*olives*
¿Qué va(n) a beber?	*What are you going to have to drink?*
naranjada	*orangeade*
agua con gas	*fizzy water*
agua sin gas	*still water*
una cerveza	*a beer*
De postre …	*For dessert …*
un helado de vainilla	*a vanilla ice cream*
un helado de fresa	*a strawberry ice cream*
un helado de chocolate	*a chocolate ice cream*
flan	*crème caramel*
¿Va(n) a tomar algo más?	*Will you have anything else?*
(No) Nada más.	*(No) Nothing else.*

La dieta — *Diet*

¿Con qué frecuencia comes …	*How often do you eat …*
¿Comes …	*Do you eat …*
todos los días?	*every day?*
(No) No todos los días.	*(No) Not every day.*
(Sí) Como … todos los días.	*(Yes) I eat … every day.*
carne (roja)	*(red) meat*
pollo	*chicken*
huevos	*eggs*
pescado	*fish*
dulces	*sweet things*
aceite de oliva	*olive oil*
aceitunas	*olives*
queso	*cheese*
yogur	*yoghurt*

frutas	*fruit*
verduras	*vegetables*
legumbres	*pulses, vegetables*
ensalada	*salad*
pan	*bread*
cereales	*cereals*
pasta	*pasta*
arroz	*rice*
cuscús	*couscous*
polenta	*polenta*
bulgar	*bulgar wheat*
fruta y verduras	*fruit and vegetables*
algunas veces a la semana	*a few times a week*
algunas veces al mes	*a few times a month*
¿Bebes …?	*Do you drink …?*
vino	*wine*
leche	*milk*
(Sí) Bebo …	*(Yes) I drink …*
Roberto tiene …	*Robert has …*
la dieta menos sana	*the least healthy diet*
la dieta más sana	*the healthiest diet*
porque …	*because …*
Generalmente …	*Generally …*
Normalmente …	*Normally …*
Siempre	*Often*

¿Qué fiesta se celebra más en tu casa? — *What festivals are celebrated most in your house?*

Se celebra …	*… is celebrated.*
el Día de Navidad	*Christmas Day*
Nochebuena	*Christmas Eve*
Nochevieja	*New Year's Eve*
¿Cómo se celebra?	*How is it celebrated?*
Se adorna …	*… is decorated.*
un nacimiento	*nativity scene*
un árbol	*a tree*
una tarjeta	*a card*
Se cantan …	*… are sung.*
villancicos	*carols*
canciones	*songs*
regalos	*presents*
¿Se mandan …?	*Do you send …?*
tarjetas	*cards*
¿Se dan regalos?	*Do you give gifts?*
Se ponen los regalos en …	*They put gifts in …*
los zapatos	*shoes*
las mochilas	*bags*
¿Qué comes?	*What do you eat?*
pavo	*turkey*

1 ¿Qué ropa llevan?

Talking about clothes. Comparing prices

1a Mira los dibujos y escucha. ¿Verdad (✓) o mentira (✗)? (1–10)

Ester

a *una blusa*

b *una falda*

c *un jersey*

d *unas botas*

Martín

e *una camisa*

f *unos pantalones*

g *unos calcetines*

h *unos zapatos*

Isabel

i *una chaqueta*

j *una camiseta*

k *unos vaqueros*

l *unas zapatillas de deporte*

1b Describe lo que llevan Ester, Martín e Isabel. Tu compañero/a dice 'verdad' o 'mentira'.
Describe what Ester, Martín and Isabel are wearing. Your partner says 'true' or 'false'.

Ejemplo:
● Ester lleva botas.
● Verdad. Martín lleva zapatillas.
● Mentira.

2a Escucha y contesta a las preguntas.

1 *How much is the football shirt?*
2 *How much is the cap?*
3 *What does Oscar decide to buy?*

c *una gorra*

d *unos pantalones cortos* 21,50€

d *una camisa*

b *unas botas* 26,30€

2b Mira la foto y tus respuestas de **2a** y completa las frases.

1 Las camisas son *más caras que* las botas.

2 La gorra es _____ la camisa.

3 Las botas son _____ los pantalones cortos.

4 Los pantalones cortos son _____ las camisas.

5 Una camisa es mucho _____ una gorra.

Ropa para chicas

A Camiseta con mangas cortas.
100% algodón.
talla: 34/36 38/40 42/44
precio: 15,00€

B Rebeca con cremallera. *50%*
algodón, 50% acrílico. Cuello alto.
talla: 34/36 38/40 42/44
precio: 33,50€

C Vaqueros
100% algodón.
talla: 34/36 38/40 42/44
precio: 43,00€

D Sandalias.
Exterior de cuero.
número: 36, 37, 38, 39, 40, 41
precio: 42,50€

E Cinturón de cuero.
talla: 70, 75, 80, 85
precio: 21,00€

Ropa para chicos

A Camisa con motivo de dragón en
la parte delantera.
100% algodón.
talla: 37/38 39/40 41/42 43/44
precio: 28,00€

B Camiseta con motivo en
la parte delantera. *Cuello*
redondo. 100% algodón.
talla: 37/38 39/40 41/42 43/44
precio: 18,00€

C Zapatillas de deporte.
*número: 40, 41, 42, 43,
44, 45, 46*
precio: 73€

D Pantalón cómodo y funcional en
tejido resistente, con 6 bolsillos.
70% algodón, 30% poliamida.
talla: 36, 38, 40, 42, 44, 46
precio: 38,00€

¡OJO!

la rebeca — cardigan

*There are two words for 'size' in Spanish. For shoes you use **número** and for clothes you use **talla**.*

 3a **Mira el catálogo y busca las palabras en español para:**

1 *sleeves* 3 *100% cotton* 5 *sandals* 7 *belt* 9 *pockets*
2 *zip* 4 *high neck* 6 *leather* 8 *front* 10 *price*

 3b **Empareja las dos partes de las frases.**

1 Las sandalias con exterior de cuero … a es más barato que los vaqueros.
2 La rebeca … b más grande.
3 La 34/36 es la talla … c son más caras que el cinturón de cuero.
4 La 42/44 es la talla … d más pequeña.

5 La camisa es más … e baratas que las zapatillas de deporte.
6 Las sandalias para chicas son más … f cara que la camiseta con cuello redondo.
7 Los pantalones para chicos son … g es el cuarenta.
8 El número más pequeño en las zapatillas … h más baratos que los vaqueros para chicas.

 3c **Escribe cinco frases similares.**

Ejemplo: El número más pequeño en las sandalias es el treinta y seis.

2 Me gusta aquella camiseta roja

Talking about what clothes you like and what suits you
Using demonstrative adjectives

1 Escucha y escribe el orden en que se menciona la ropa. (1–8)

aquel   aquella   aquellos   aquellas

ese   esa   esos   esas

este   esta   estos   estas

Gramática

Demonstrative adjectives

*The words for **this**, **that**, **these** and **those** agree with the nouns they describe and they go in front of the word they're describing.*

	m. singular	f. singular	m. plural	f. plural
this/these	este jersey	esta chaqueta	estos pantalones	estas sandalias
that/those	ese chandal aquel cinturón	esa falda aquella camiseta	esos vaqueros aquellos zapatos	esas camisas aquellas botas

*There are two words for **that**: **ese** and **aquel**. **Aquel** describes something that is further away.*

Para saber más → página 130, 9

amarillo
azul
beige
blanco
gris
marrón
naranja
negro
rojo
verde
violeta

2a Completa las frases con la forma apropiada de 'aquel', 'ese' o 'este'.

1 Me gusta _aquella_ camiseta roja y naranja. *(aquel)*

2 ¿Te gusta _____ chaqueta beige? *(aquel)*

3 No, prefiero _____ jersey gris. *(este)*

4 No me gustan _____ zapatillas. *(ese)*

5 ¿Por qué no compras _____ sandalias? *(aquel)*

6 ¿Te gustan _____ vaqueros? *(ese)*

7 No, no me gustan. Son feos. Me gustan _____ pantalones. *(aquel)*

8 Me encanta _____ falda. Es preciosa. *(este)*

2b Mira los dibujos en **1** otra vez y escribe tus opiniones sobre cuatro cosas.

Ejemplo: No me gustan esas zapatillas blancas.

3a Escucha (1–5) y elige la frase apropiada para cada dibujo.

Te queda pequeña.
Te queda grande.
Te quedan grandes.
Te queda muy bien.
No, te queda mal el color.

Gramática

*Use **quedar** to talk about how clothes fit or suit you.*

*Use **queda** for singular nouns:*
La chaqueta me **queda** ajustada.
The jacket is tight-fitting.

*Use **quedan** for plural nouns:*
Los vaqueros me **quedan** pequeños.
The jeans are too small.

Remember to make the adjectives agree with the nouns too.

3b Con tu compañero/a, elige un dibujo de **3a** y di la frase apropiada.

Ejemplo:
● ¿Qué tal me queda (el jersey)?
● Te queda grande.

3 ¿Me lo puedo probar?

Shopping for clothes

 1 **Escucha y escribe la letra de la ropa que quieren probarse. (1–6)**
Listen and note the item of clothing that they want to try on.

a

b

c

d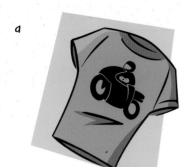

e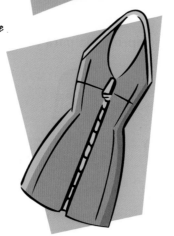

f

 2 **Con tu compañero/a, pregunta y contesta.**

Ejemplo:
- Me gusta (aquella camiseta).
  ¿Me (la) puedo probar?
- Sí, claro.

Gramática

Direct object pronouns

	m.	f.
it	lo	la
them	los	las

Este vestido es bonito. ¿Me **lo** puedo probar?
This dress is lovely. Can I try it on?

La chaqueta me queda bien. Me **la** llevo.
The jacket fits me well. I'll take it.

Me gustan **los vaqueros**. ¿Me **los** puedo probar?
I like the jeans. Can I try them on?

Aquellas sandalias son estupendas. ¿Me **las** puedo probar?
Those sandals are great. Can I try them on?

Para saber más → página 131, 10.3

3 Lee y escucha el diálogo entre la dependienta y el cliente. Contesta a las preguntas.

- ¡Hola!
- ¡Hola! Me gustan aquellas botas negras. ¿Me las puedo probar?
- Claro. ¿Qué número usa Ud?
- El treinta y nueve.
- Vale. Aquí las tiene.
- ¿Qué tal le quedan?
- Me quedan pequeñas. ¿Me las puedo probar en un cuarenta?
- Lo siento. No las tengo en un cuarenta. Pero tenemos estas botas marrones.
- Me las pruebo. A ver ... Son muy cómodas. ¿Son más caras o más baratas que las botas negras?
- Son más caras. Son ciento doce euros. Pero son de cuero. Le quedan preciosas.
- Me las llevo.

a ¿Qué quiere probarse primero el cliente?
b ¿Qué tal le quedan?
c ¿De qué número son las botas negras?
d ¿Qué tal le quedan al cliente las botas marrones?
e ¿Cuánto cuestan las botas marrones?
f ¿Las botas negras cuestan más o menos que las botas marrones?
g ¿Qué compra el cliente?

4a Copia y completa las frases con las palabras apropiadas.

- Buenos días. Quiero probarme esos _____ .

- Muy bien. ¿Qué talla lleva Ud?

- Llevo 38 .

- Aquí tiene. El probador está allí. ¿Qué tal le quedan?

- Me quedan _____ . ¿Me los puedo probar en un 40 ?

- Sí, claro.

- Me quedan _____ . Me los llevo.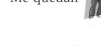

| bien | treinta y ocho | pequeños | vaqueros | cuarenta |

4b Con tu compañero/a haz la conversación entre un(a) cliente y un(a) dependiente/a.

4 ¿Qué vas a llevar para ir a la fiesta?

Describing clothes and asking and saying what you are going to wear
Practising the immediate future

TOP MUSIC TOP MUSIC TOP MUSIC TOP MUSIC TOP MUSIC TOP MUSIC TOP MUSIC TOP MUSIC

KYLIE MINOGUE
- un vestido elegante
- unos zapatos de tacón alto

CHRISTINA AGUILERA
- un top de lycra
- una falda corta y ajustada
- un abrigo estampado de leopardo

EMINEM
- una gorra
- una sudadera
- unas zapatillas de deporte
- unos pantalones anchos

WILL SMITH
- un traje
- una corbata
- una camisa negra

un abrigo	un top	un vestido	una corbata	una sudadera (con capucha)	unos zapatos
una gorra	un traje	una camisa	una falda	unas zapatillas (de deporte)	unos pantalones

 1a **Mira las fotos y lee. ¿A quién se describe?**

1 Lleva un traje gris y una corbata. Lleva una camisa negra.

2 Lleva un vestido elegante y zapatos de tacón alto.

3 Lleva una gorra, una sudadera y unos pantalones anchos.

4 Lleva un top de lycra y una falda corta y ajustada. También lleva un abrigo estampado de leopardo.

 1b **Escucha y comprueba tus respuestas.**

 2 **Describe a una persona de las fotos. Tu compañero/a dice quién es.**

Ejemplo: ● Lleva (unos zapatos de tacón alto).
● (Kylie Minogue.) Lleva (una sudadera).
● (Eminem.)

Gramática

Remember that you can use **ir** + **a** + *infinitive to talk about the immediate future.*

¿Qué **vas a llevar** para ir a la fiesta?
What are you going to wear for the party?

Voy a llevar pantalones y un top.
I'm going to wear trousers and a top.

Para saber más → página 134, 19

3 ¿Qué van a llevar? Escucha y elige los dibujos apropiados. (1–5)

a b c d e f

g h i j k

 4 Empareja las dos partes correctas de cada frase.

Ejemplo: 1 – d

1 Para ir a la playa …
2 Para ir a Moscú en enero …
3 ¿Vas a llevar …
4 Para ir a la boda de mi prima, mi hermano …
5 Para ir a la fiesta …
6 Para ir al parque …

a voy a llevar unos pantalones negros y un top blanco y ajustado.
b va a llevar un traje y una corbata.
c voy a llevar un abrigo, un gorro y unas botas.
d voy a llevar unos pantalones cortos, una camiseta y una gorra.
e tu camiseta del Real Madrid para ir al partido de fútbol?
f voy a ponerme una sudadera con capucha porque hace frío.

¡OJO!

There are two words for 'to wear' in Spanish: **llevar** and **ponerse**.

Voy a | llevar | una corbata.
| ponerme |

I'm going to | wear | a tie.
| put on | a tie.

 5 Escribe sobre la ropa que vas a llevar.

la fiesta

la discoteca

Gramática

Adjectives

m. sing.	f. sing.	m. plural	f. plural
negro	negra	negros	negras
ajustado	ajustada	ajustados	ajustadas

Para saber más → página 128, 7.1

Ejemplo: Para ir (a la fiesta) voy a llevar …

5 ¿Llevas uniforme?

Talking about your school uniform
Opinions and more detailed descriptions

1 Mira los dibujos. Escucha e identifica los uniformes de los diferentes países (1–4).

a
Costa Rica

b
Perú

c
Cuba

d
España

2 Mira los dibujos. Con tu compañero/a, pregunta y contesta.

Ejemplo:
- ¿Llevas uniforme?
- Sí, llevo pantalones negros, una camisa blanca, …

> ## Gramática
>
> *When you use another adjective, e.g.* **dark** *blue or* **light** *grey, to describe the colour then the colour stays in the masculine singular form.*
>
> un**a** camis**a** roj**o** oscur**o**
>
> **Para saber más → página 128, 7.1**

1

2

3

4

3a Escucha y lee las frases. Juan habla de la ropa. Verdad (✓) o mentira (✗).

| a cuadros | check |
| de rayas | striped |

1 Las zapatillas de deporte son más cómodas que los zapatos.
2 Llevar uniforme es menos práctico que llevar vaqueros.
3 Una falda es más elegante que unos pantalones.
4 Llevar camiseta es menos práctico que llevar camisa.
5 Una chaqueta es más elegante que un jersey.
6 Una sudadera es menos cómoda que un jersey.

3b Con tu compañero/a, pregunta y contesta.

Ejemplo:
- ¿Cuál prefieres, (zapatillas de deporte) o (zapatos)?
- Prefiero (zapatillas de deporte).
- ¿Por qué?
- Porque (son) más (cómodas).

Gramática

¿Cuál?

¿Cuál? *is the word for* **which** *and changes according to whether the subject is singular or plural.*

¿Cuál prefieres, una camisa o una camiseta?
¿Cuáles prefieres, las faldas o los pantalones?

Para saber más → página 132, 12

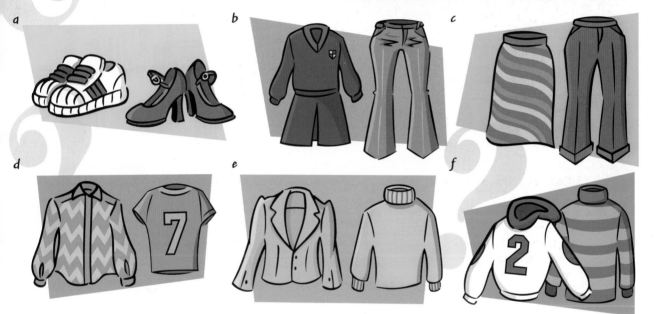

4a Lee los textos y contesta a las preguntas.

En España no llevamos uniforme. Sólo hay uniforme en algunos colegios privados. Para ir al instituto llevo unos vaqueros, una camisa o camiseta y zapatillas de deporte. Es más cómodo llevar vaqueros que llevar uniforme, y es más barato.

Daniel

Mi colegio es privado y es obligatorio llevar uniforme. Las chicas llevan una falda a cuadros y los chicos pantalones grises. Llevamos un jersey verde. No llevamos corbata. Me gusta el uniforme porque es elegante. Llevar uniforme es más elegante que llevar vaqueros pero es menos cómodo.

Patricia

1 ¿Dónde hay uniforme en España?
2 ¿Qué lleva Daniel para ir al instituto?
3 ¿Qué es menos cómodo?
4 ¿Qué es más barato?
5 ¿Cómo es el colegio de Patricia?
6 ¿Cómo es la falda?
7 ¿Qué llevan los chicos?
8 ¿Qué llevan todos?
9 ¿Qué opina Patricia de su uniforme?
10 ¿Qué es menos cómodo?

4b Lee los textos otra vez y escribe unas frases similares para describir tu uniforme.

6 En la calle principal

Talking about types of shops. Saying where you can buy things

1a Escribe el orden en que se mencionan las tiendas.

Ejemplo: 1 – e

a	la zapatería
b	la joyería
c	la droguería
d	la bombonería
e	la librería
f	la pastelería
g	la panadería
h	la carnicería
i	la pescadería
j	la farmacia
k	la frutería

1b Escucha. ¿En qué tiendas puedes comprar estos artículos?
In which shops can you buy these items?

Ejemplo: 1 – Puedes comprarlo en la panadería.

1 el pan
2 los pasteles
3 los zapatos
4 los libros
5 las aspirinas

6 la pasta de dientes
7 las manzanas
8 las chuletas
9 los caramelos
10 las sardinas

¿Dónde	puedo comprar	(pan)?	Puedo	comprarlo en	la panadería.
	puedes	(fruta)?	...	comprarla	la frutería.
	puede	(pasteles)?		comprarlos	la pastelería.
	podemos	(aspirinas)?		comprarlas	la farmacia.
	podéis				...
	pueden				

1c Con tu compañero/a, pregunta y contesta.

Ejemplo:
- ¿Dónde puedo comprar pan?
- Puedes comprarlo en la panadería.

2a Lee la tarjeta de Charo. Copia y rellena el cuadro.

la tienda de recuerdos

¡Hola amigos!

Estoy de vacaciones en Valencia con mi amiga Teresa. Esta tarde vamos de compras. Tenemos que comprar muchos regalos para nuestras familias.

Voy a comprar un abanico para mi madre y unas castañuelas para mi abuela, y Teresa va a comprar cerámica típica para sus padres. Podemos comprarlos en una tienda de recuerdos. Hay muchas tiendas de recuerdos en las calles principales.

A mi padre le gusta el flamenco. Voy a comprarle un CD de Estrella Morente que es una cantante de flamenco moderno. Puedo comprarlo en una tienda de discos como FNAC. Tiene una selección muy buena.

Mi hermana quiere una camiseta bonita. Puedo comprarla en Mango o Zara. Mango y Zara son tiendas españolas de moda. La ropa es guay. ¡También puedo comprar algo para mí!

Me encanta ir de compras. Soy adicta.

Besos

Charo

guay   *cool*

la tienda de ropa   MANGO

la tienda de discos

	Persona	Regalo	Tienda	Más información
Ejemplo:	madre de Charo	abanico	tienda de recuerdos	muchas en las calles principales

2b ¿Qué vas a comprar, para quién y dónde? Escribe una lista.

Ejemplo: Voy a comprar _____ para _____.
Puedo comprar(lo/la/los/las) en _____.

Resumen

I can ...

■ *say what someone is wearing*	Ester lleva una blusa.
G *make comparisons*	Las camisas son más caras que las camisetas.
■ *say what I (don't) like*	(No) Me gusta(n) la falda (las botas).
■ *say what I love*	Me encanta(n) el jersey (los pantalones).
■ *say what I prefer*	Prefiero los zapatos.
G *use demonstrative adjectives to say this/those, that/those*	este jersey/ese chándal/aquel cinturón/esta chaqueta/esa falda/aquella camiseta/estos pantalones/esos vaqueros/aquellos zapatos/estas sandalias/esas camisas/aquellas botas
■ *ask if something suits me*	¿Qué tal me queda(n) la camiseta (los pantalones)?
■ *say how something looks*	Me/Te queda(n) grande(s).
G *use direct object pronouns lo/la/los/las*	¿Me lo puedo probar? Me los llevo.
■ *say what size I take*	Llevo (38).
■ *ask and say how much something costs*	¿Cuánto cuesta(n) el cinturón (los sandalias)? Cuesta(n) 41 euros.
■ *ask what someone is going to wear*	¿Qué vas a llevar?
■ *say what I wear*	Llevo una gorra.
G *use the immediate future to say what I am going to wear/put on*	Voy a llevar/ponerme un traje.
G *make longer sentences using porque*	Prefiero una sudadera con capucha … porque es más cómodo/ménos caro.
G *use adjectives to describe clothes*	una corbata amarilla y verde
■ *ask where I can buy certain items*	¿Dónde puedo comprar pan?
G *use direct object pronouns to say it/them*	Puedes comprarlo en la panadería.
■ *say who I am going to buy them for*	Para mi padre/mi madre/nuestras familias

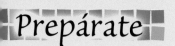 Prepárate

De compras  **3**

 1 Escucha las conversaciones. Copia y rellena el cuadro.

	Artículo	número/talla	¿Lo compra?	¿Por qué?/¿Por qué no?
1	botas	42	no	ajustadas
2				
3				
4				

 2a Mira los dibujos. Con tu compañero/a, pregunta y contesta.
¿Qué vas a llevar para ir a los lugares?

2b Mira los dibujos y compara la ropa. ¿Cuál de los artículos de ropa prefieres en cada caso? ¿Por qué?

Ejemplo: Prefiero las zapatillas de deporte porque son más cómodas que los zapatos.

 3 Lee la carta de Óscar. ¿Verdad (✓) o mentira (✗)?

1 En el colegio de Óscar el uniforme es obligatorio.
2 Está permitido llevar vaqueros.
3 El color de la camisa es importante.
4 Las chicas no pueden llevar falda.
5 Las sudaderas son negras o grises.
6 Los alumnos no llevan corbata.
7 Llevan zapatillas de deporte.
8 A Óscar le gusta la idea de no llevar uniforme.

En mi colegio no hay uniforme formal pero hay reglas. Los chicos llevan pantalones negros o grises pero no podemos llevar vaqueros. Llevamos una camisa, no importa el color y puede ser de cuadros. Las chicas llevan pantalones o falda y una blusa. Todos llevamos una sudadera o un jersey negro o gris. No llevamos corbata. Llevamos zapatos negros; no nos permiten llevar zapatillas de deporte. Es una buena idea no tener uniforme, es más práctico y cómodo.
Óscar

 4 Escribe un párrafo para describir lo que llevas los fines de semana.

7 ¡Extra! ¿Cuál es tu estilo?

¿Cuál es tu estilo?

¡Elige las respuestas apropiadas del test y lee el análisis para saber cuál es tu estilo personal!

1 ¿Cuáles son tus colores preferidos?

a Mi color preferido es el azul. ■
b Mis colores preferidos son el beige y el verde. ●
c Prefiero el negro, el rojo y el violeta. ▲
d Me gustan todos los colores. ★

2 ¿Tienes un par de zapatos favoritos? ¿Cómo son?

a Tengo unos zapatos negros, de piel. Son cómodos y elegantes. ■
b Sí, claro, mis sandalias. Son cómodas y sencillas. ★
c Mi calzado preferido son mis botas. Son cómodas. ●
d Tengo unas zapatillas Nike súper cómodas y de moda. ▲

3 ¿Qué te gusta más hacer los fines de semana?

a Prefiero ir al campo o a la montaña. ●
b Me gusta ir al cine. ■
c Me gusta salir a bailar. ▲
d Me gusta salir con mis amigos. ★

4 ¿Qué tipo de música prefieres?

a Me gustan Moby y trip hop. ▲
b Prefiero la música de los años 70 y 80. ■
c Me gusta la música étnica, sobre todo la música celta. ★
d Me encanta la música de las películas. ●

5 ¿Cuáles son tus accesorios imprescindibles?

a Mi mochila. ★
b Mi saco de dormir. ●
c Mi teléfono móvil. ▲
d Mi camisa de polo Lacoste. ■

6 ¿Cuál es tu opinión sobre el uniforme escolar?

a El uniforme escolar es un poco aburrido pero es práctico. ■
b Creo que el uniforme escolar es feo. No está de moda. ▲
c Me gusta llevar uniforme porque es fácil. ●
d Es una buena idea porque con uniforme todos somos iguales. ★

el accesorio imprescindible	essential accessory
calzado	footwear

Leer
1a Lee el test. Elige las letras de las respuestas apropiadas para ti.

Escuchar
1b Escucha y busca el estilo personal según las respuestas.

Hablar
2 Con tu compañero/a, contesta a las preguntas del test y busca su estilo en el análisis.

Análisis

La moderna

El pelo:	Cambia su estilo y color a menudo.
Ropa favorita:	Prefiere los tops estampados y llamativos.
Le encanta:	Ir a clubes con buena música para bailar.

El moderno

	Tiene el pelo corto.
	Le gusta llevar camisas y camisetas de moda.
	Ir a clubes con buena música para bailar.

La étnica solidaria

El pelo:	Pelo largo o trencitas a lo caribeño.
Le encanta:	Salir con los amigos.
Odia:	Las discotecas.

El étnico solidario

	Pelo largo o trencitas a lo caribeño.
	Salir con los amigos.
	Las discotecas.

La deportista

Ropa preferida:	En verano prefiere llevar las sandalias todoterreno.
Actividades de fin de semana:	Le encanta organizar excursiones a la montaña.

El deportista

	En invierno prefiere llevar las botas de senderismo.
	Le gusta practicar el senderismo, el baloncesto y la vela.

La clásica

Ropa preferida:	Lleva camisas de Lacoste y vaqueros Levis.
Actividades de fin de semana:	El viernes sale con los amigos a bailar.

El clásico

	Lleva camisas Ralph Lauren y zapatos Timberland.
	El sábado va al cine.

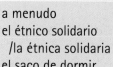

Escribir

3a **Escribe seis frases del test que corresponden a tu estilo personal.**

Ejemplo: Mis colores preferidos son el beige y el verde.

Escribir

3b **Escribe cuatro frases que corresponden a tu compañero/a.**

Ejemplo: Tiene el pelo corto. Le encanta ir a clubes de buena música para bailar.

a menudo	*frequently*
el étnico solidario /la étnica solidaria	*a person who is socially committed*
el saco de dormir	*sleeping bag*
el senderismo	*walking/hiking*
trencitas a lo caribeño	*Caribbean style braids*
llamativo	*flashy*

Palabras

¿Qué ropa llevan?	What clothes are they wearing?
Ester lleva ...	Ester is wearing ...
una blusa	a blouse
una falda	a skirt
una chaqueta	a jacket
una camiseta	a T-shirt
una camisa	a shirt
un jersey	a jumper
unas botas	boots
unas zapatillas de deporte	trainers
unos pantalones	trousers
unos calcetines	socks
unos zapatos	shoes
unos vaqueros	jeans
Las camisas son más ... que las botas.	The shirts are more ... than the boots.
caro/a(s)	expensive
barato/a(s)	cheap
grande(s)	big
Me gusta(n) ...	I like ...
Me encanta(n) ...	I love ...
No me gusta(n) ...	I don't like ...
Prefiero ...	I prefer ...
este jersey	this jumper
ese chándal	that tracksuit
aquel cinturón	that belt
esta chaqueta	this jacket
esa falda	that skirt
aquella camiseta	that T-shirt
estos pantalones	these trousers
esos vaqueros	those jeans
aquellos zapatos	those shoes
estas sandalias	these sandals
esas camisas	those shirts
aquellas botas	those boots

¿Qué tal me queda ... ?	Does this ... suit me?
Te queda ...	It's ...
Te quedan ...	They're ...
grande(s)	big
pequeño/a(s)	small
ajustado/a(s)	tight
muy bien	(looks) good
mal	(looks) bad

Quiero probarme ...	I'd like to try ...
¿Qué talla lleva Ud?	What size (clothes) do you take?
Llevo 38.	I take a 38.
¿Me lo/la puedo probar?	Can I try it on?

¿Me los/las puedo probar?	Can I try them on?
Me lo/la/los/las llevo.	I'll take it/them.
¿Cuánto cuesta(n) ...?	How much is (are) ...
Cuesta(n) 41 euros.	It (They) cost 41 euro.
¿Tiene ... en 38?	Do you have ... in (size) 38?
Sí, aquí tiene.	Yes, here it is.
¿Me puedo probar esos vaqueros?	Can I try (on) those jeans?
Sí, claro.	Yes, of course.
¿Qué número usa?	What size (shoes) do you take?

¿Qué vas a llevar ...	What are you going to wear ... ?
una gorra	a baseball cap
un traje	a suit
para ir ...	to go ...
a la boda	to the wedding
a la discoteca	to the disco
a la fiesta	to the party
al partido de fútbol	the football match
al parque	the park
voy a llevar ...	I'm going to wear ...
voy a ponerme ...	I'm going to put on ...
un abrigo	coat
un top	a top
un vestido	a dress
una corbata	a tie
una sudadera (con capucha)	a sweatshirt (with a hood)

¿Llevas uniforme?	Do you wear a uniform?
Para ir al instituto, llevo ...	To go to school, I wear ...
Llevamos ...	We wear ...
una corbata	a tie
Es más ... que ...	It is more ... than ...
Es menos ... que ...	It is less ... than ...
elegante	elegant
cómodo/a(s)	convenient
práctico/a(s)	practical
barato/a(s)	cheap
caro/a(s)	expensive
oscuro/a	dark
claro	light
¿Cuál prefieres?	Which (one) do you prefer?
¿Cuáles prefieres?	Which (ones) do you prefer?
¿Por qué?	Why?
Porque ...	Because ...

Los colores	Colours
amarillo/a(s)	yellow
azul(es)	blue
beige	beige
blanco/a(s)	white
gris(es)	grey
marrón/marrones	brown
naranja	orange
negro/a(s)	black
rojo/a(s)	red
verde(s)	green
violeta	purple

Las tiendas	Shops
¿Dónde puedo comprar … ?	Where can I buy … ?
Puedo comprar …	I can buy …
Puedes comprar …	You can buy …
pan	bread
fruta	fruit
pasteles	cakes
libros	books
aspirinas	aspirin
pasta de dientes	tooth paste
manzanas	apples
chuletas	(pork) chops
caramelos	sweets
sardinas	sardines
Puedo comprarlo …	I can buy it …
Puedo comprarla …	I can buy it …
Puedo comprarlos …	I can buy them …
Puedo comprarlas …	I can buy them …
Puedes …	You can …
Puede …	He/She can …
Podemos …	We can …
la zapatería	the shoe shop
la joyería	the jeweller's
la droguería	the toiletries shop
la bombonería	the chocolate shop
la librería	the book shop
la pastelería	the cake shop
la carnicería	the butchers
la pescadería	the fishmongers
la farmacia	the pharmacy
la frutería	the fruit shop
Voy a comprar …	I am going to buy …
para mi padre	for my father
para mi madre	for my mother
para nuestras familias	for our families
para mi abuela	for my grandmother
para sus padres	for her parents
para mi hermana	my sister
para mí	for me/for myself

Hablando de ti mismo/ de otros personas	Talking about yourself/others
Mi color preferido es el … beige	My favourite colour is … beige
Mis colores preferidos son …	My favourite colours are …
Mis zapatos favoritos son …	My favourite shoes are …
Prefiero …	I prefer …
ir al campo	to go to the countryside
ir a la montaña	to go to the mountains
la música étnica	ethnic music
la música de las películas	film soundtracks
Me gusta …	I like …
Le gusta …	He/she likes …
Me encanta …	I love …
Le encanta …	He/She likes …
ir a clubes	to go to clubs
ir al cine	to go to the cinema
salir a bailar	to go out to dance
salir con mis amigos	to go out with friends
las discotecas	discos, clubs
organizar excursiones	to organise excursions
practicar el senderismo	to go hillwalking
practicar el baloncesto	to play basketball
practicar la vela	to go sailing
mi mochila	my rucksack
mi saco de dormir	my sleeping bag
mi teléfono móvil	my mobile (phone)
mi camisa de polo Lacoste	my Lacoste shirt

El uniforme escolar es …	The school uniform is …
aburrido	boring
feo	ugly
práctico	practical
fácil	easy
una buena idea	a good idea
No está de moda.	It's not fashionable.
Llevo …	I wear …
Lleva …	You wear …
las sandalias todoterreno	all terrain sandals
las botas de senderismo	hiking boots
Tengo …	I have …
Tiene …	He/She has …
el pelo corto	short hair
trencitas a lo caribeño	Caribbean-style braids

1 ¿Qué hay de interés?

Asking what is of interest in a place and what you can do there
Understanding a longer text; using 'se puede' plus infinitive

1a Escucha y escribe los lugares en el orden correcto.

Ejemplo: *Jerez de la Frontera: 4 …*

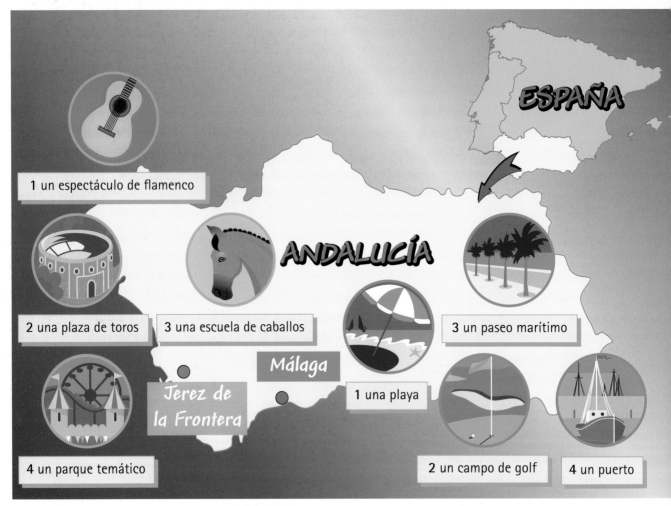

ESPAÑA

ANDALUCÍA

1 un espectáculo de flamenco

2 una plaza de toros

3 una escuela de caballos

Málaga

Jerez de la Frontera

1 una playa

3 un paseo marítimo

4 un parque temático

2 un campo de golf

4 un puerto

1b Escucha otra vez. ¿Qué otros lugares de interés hay en las ciudades?

Ejemplo: *Jerez de la Frontera: parque natural, …*

1c Con tu compañero/a, pregunta y contesta.

Ejemplo:
- ● ¿Qué hay de interés en (Jerez de la Frontera)?
- ● Hay (una plaza de toros).
- ● ¿Hay una playa?
- ● No, pero hay (un zoo).

2a Lee los textos y contesta a las preguntas. Utiliza un diccionario.

¿Qué se puede hacer en Jerez de la Frontera?

Hay bodegas donde se puede comprar el jerez y se pueden ver espectáculos de flamenco. También hay muchos monumentos y hay una plaza de toros donde puedes ver corridas de toros.

¿Y qué hay para los jóvenes?
Hay la Escuela del Arte Ecuestre donde se puede ver ballet con caballos. Se puede ver la fiesta de la feria del caballo en mayo que es muy bonita. El parque temático Isla Mágica está cerca. También hay un zoo donde se pueden ver muchos animales diferentes.

¿Se puede practicar deporte?
En el parque natural se pueden practicar deportes como alpinismo y montar a caballo.

¿Qué se puede hacer en Málaga?

Se puede ir a la playa: hay playas magníficas y hace muy buen tiempo. Se puede ir de paseo por el puerto y los paseos marítimos. Hay muchos restaurantes y bares donde se puede comer y tomar algo.

¿Y para los jóvenes?
Hay muchas discotecas y centros comerciales. Se puede visitar el parque temático Isla Mágica, que no está lejos.

¿Se puede practicar deporte?
Se pueden practicar todos los deportes acuáticos, el surfing, la pesca, el buceo. También hay muchos campos de golf.

1 ¿Qué bebida se puede comprar en Jerez?
2 ¿Qué tipo de baile se puede ver?
3 ¿Dónde se puede ir a una corrida de toros?
4 ¿Qué fiesta se puede ver en mayo?
5 ¿Qué tipo de ballet se puede ver?
6 ¿Qué deportes se pueden practicar en Jerez de la Frontera?
7 ¿Qué deportes se pueden practicar en Málaga?
8 ¿Dónde se puede ir de paseo?
9 ¿Dónde se puede practicar el golf?
10 ¿Cómo se llama el parque temático cerca de Málaga?

2b Con tu compañero/a, pregunta y contesta.

Ejemplo:
● ¿Dónde se puede (practicar el golf)?
● Se puede (practicar el golf) en (Málaga).

2c En el ordenador diseña un folleto sobre tu ciudad/pueblo. Describe lo que hay de interés y lo que se puede hacer.

Gramática

Se puede(n)

Use **se puede** + *the infinitive to say what you can do.*

Add an '**n**' *to* **se puede** *to say that there is more than one activity you can do.*

Se puede ir a la playa.	*You can go to the beach.*
Se pueden ver animales y practicar deportes.	*You can see animals and do sports.*

Para saber más → página 136, 22

2 Tus vacaciones

Talking about where you go and what you do on holiday
Writing a longer text in the present tense

1a Escucha. Copia y rellena el cuadro.

Voy	a	la costa
		la sierra
		Mallorca
		Barcelona
		Santander
	al	campo

en coche

en avión

en tren

	¿Dónde?	¿Cómo?
Carlota	a la costa	en coche
Miguel		
Penélope		
José Luis		
Estrella		

en autocar

en ferry

1b Escucha otra vez. ¿Qué hacen las personas durante sus vacaciones? Escribe los números correctos.

Ejemplo: Carlota: 2, 3, …

1 descanso

2 me baño en el mar

3 tomo el sol

4 voy de paseo

5 voy a discotecas

6 monto en bicicleta

7 saco fotos

8 hago surfing

2 Con tu compañero/a, mira los dibujos en **1a/1b**. Pregunta y contesta.

Ejemplo:
- ¿Dónde vas de vacaciones normalmente?
- ¿Cómo vas?
- ¿Qué haces?

- Voy a …
- Voy en …

3a Lee el correo electrónico y empareja las dos partes de las frases. Utiliza un diccionario.

Fichero Edición Inserción Formato Instrumentos Mensaje

Normalmente voy de vacaciones a Muñoveros, un pueblo cerca de la sierra en el centro de España. Voy a visitar a mis abuelos y a mis tíos y primos. Generalmente voy en coche con mis padres.

Muñoveros es un pueblo pequeño pero hay mucho para los jóvenes porque muchas familias veranean allí y es muy divertido. Hay pistas de tenis y un campo de fútbol. Montamos en bici y vamos al río o a la piscina y nadamos y tomamos el sol. También tenemos carreras de bicicletas y partidos de fútbol contra equipos de otros pueblos.

Durante las fiestas no nos acostamos hasta las cinco o las seis de la mañana. ¡Lo pasamos bomba!

¿Y tú? ¿Dónde vas de vacaciones normalmente? ¿Cómo vas? ¿Qué haces y cómo te diviertes?

Saludos

Isidro

lo pasamos bomba   *we have a great time*

1 Isidro va de vacaciones a
2 Normalmente va con
3 Visita a
4 En el pueblo hay
5 Va
6 Hay partidos de
7 Durante las fiestas se acuesta
8 Lo pasa

a sus abuelos.
b un pueblo.
c al río.
d su familia en coche.
e muy bien.
f muy tarde.
g mucho para los jóvenes.
h fútbol contra otros equipos.

3b Escribe una respuesta al correo electrónico.

Ejemplo: ¡Hola Isidro!
Normalmente voy de vacaciones a … Generalmente voy en …

3 ¿Dónde fuiste?

Saying where you went, what for and who with
Using the preterite of 'ir'

1 Escucha. Mira los dibujos y copia y rellena el cuadro.

viernes por la mañana	3
sábado por la mañana	
sábado por la tarde	
domingo por la mañana	
domingo por la tarde	

Un fin de semana en Madrid

1 Fui a la tienda a comprar un CD.

2 Fui al polideportivo a jugar al voleibol.

3 Fui al estadio a ver un partido de fútbol.

Gramática

The preterite

Use the preterite tense to say what you did in the past. The verb **ir** *is irregular.*

ir	**to go**
fu**i**	*I went*
fu**iste**	*you went (informal)*
fu**e**	*he/she/it went, you went (formal)*
fu**imos**	*we went*
fu**isteis**	*you went (informal plural)*
fu**eron**	*they went, you went (formal plural)*

Fui a casa de mi amigo.
I went to my friend's house.
Fui al cine.
I went to the cinema.

Para saber más → página 136, 22

4 Fui a casa de mi amigo.

5 Fui al cine a ver una película.

2 Con tu compañero/a, pregunta y contesta.

Ejemplo:
- ¿Dónde fuiste el sábado/domingo por la mañana?
- Por la mañana fui (al polideportivo).

Fui	a la piscina
	a la biblioteca
	al centro de la ciudad
	al parque
	al centro comercial
	al mercado
	a mi clase de piano

 3a Escucha. Mira los dibujos. Copia y rellena el cuadro en inglés.

	¿Dónde?	¿A qué?	¿Con quién?
1	the cinema	to see 'Blade III'	sister

1    *2*    *3*   *4*    *5*

 3b Con tu compañero/a, mira los dibujos. Pregunta y contesta.

Ejemplo:
- ¿Dónde fuiste?
- Fui (al cine).
- ¿A qué fuiste?
- Fui a (ver Blade III).
- ¿Con quién fuiste?
- Fui con (mi hermana).

Gramática

*To say you 'went to do something' use **ir** in the preterite tense + **a** followed by the verb in the infinitive.*

Fui a ver una película.   *I went to see a film.*
Fuimos a jugar al fútbol.   *We went to play football.*

Para saber más → página 137, 24.2

 4a Lee la postal. Copia y rellena el cuadro. Utiliza un diccionario.

Queridos amigos:

El fin de semana pasado fui a Madrid a ver a mis tíos y primos. **El viernes por la mañana** fui al parque del Retiro a ir de paseo. Fui con mi tía. **Por la tarde** fui a la Plaza Mayor con mis tíos a comer tapas – gambas, calamares, tortilla ... **El sábado por la mañana** fui al Museo del Prado con mi prima a ver cuadros famosos de pintores como Goya y Velázquez. **Por la tarde** fuimos al Palacio Real a visitar la residencia oficial del Rey. Después de cenar fuimos a una discoteca a conocer la famosa vida nocturna madrileña. **El domingo por la mañana** fui al Rastro con mi tío a comprar recuerdos. El Rastro es un mercado donde puedes comprar de todo – antigüedades, ropa, recuerdos, libros, cualquier cosa. Y **por la tarde**, lo mejor de todo, fuimos al Estadio Bernabéu a ver un partido de fútbol entre El Real Madrid y El Barça. ¿Y los ganadores? El Real Madrid, naturalmente.

Saludos

 Marta

¿Cuándo?	¿Dónde?	¿A qué?	¿Con quién?
viernes por la mañana	al parque del Retiro	ir de paseo	tía

4b Escribe una postal para describir tu fin de semana pasado.

Ejemplo: El fin de semana pasado fui a …

4 ¿Adónde fueron?

Talking about where other people went
More on the preterite of 'ir'

1a Lee las preguntas y elige las frases correctas.

1 ¿Adónde fue Cristóbal Colón en 1492?
- **a** Fue a Londres.
- **b** Fue a Australia.
- **c** Fue al Caribe.

2 ¿Quién fue a Australia en 1770?
- **a** Sir Walter Raleigh
- **b** Captain Cook
- **c** Crocodile Dundee

3 En 1964 Geraldine Mock fue la primera mujer que viajó sola alrededor del mundo. ¿Cómo fue?
- **a** Fue en coche.
- **b** Fue en moto.
- **c** Fue en avión.

4 Ellen MacArthur fue sola alrededor del mundo en 2001. ¿Cómo fue?
- **a** Fue a pie.
- **b** Fue en bicicleta.
- **c** Fue en barco de vela.

5 ¿Quién fue a la luna en 1969?
- **a** El astronauta ruso, Yuri Gagarin.
- **b** Neil Armstrong, estadounidense.
- **c** Robbie Williams.

6 ¿Cuál fue el primer equipo en llegar al Polo Sur en 1911?
- **a** Un equipo de Canadá.
- **b** Roald Amundsen y su equipo.
- **c** El británico, Captain Scott y su equipo.

7 ¿Cuántas personas fueron de vacaciones a España el año pasado?
- **a** Cinco millones.
- **b** Menos de 10 millones.
- **c** Más de 60 millones.

8 ¿Por qué fueron Raúl y Michael Owen a Japón en junio de 2002?
- **a** Fueron de vacaciones.
- **b** Fueron al Mundial.
- **c** Fueron a una fiesta.

1b Escucha y comprueba tus respuestas.

1c Escribe las respuestas correctas. (1–8)

Ejemplo: *1 – En 1492 Cristóbal Colón fue al Caribe.*

2a ¿Adónde fueron? Mira los dibujos y escribe frases.

Ejemplo:
1 *Sara fue al polideportivo.*

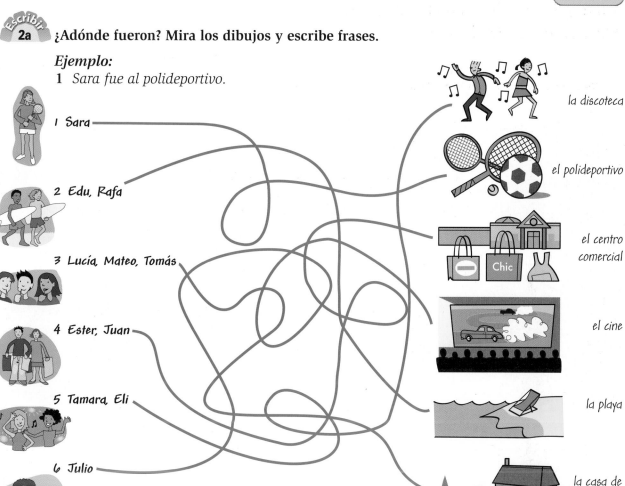

1 Sara

2 Edu, Rafa

3 Lucía, Mateo, Tomás

4 Ester, Juan

5 Tamara, Eli

6 Julio

la discoteca

el polideportivo

el centro comercial

el cine

la playa

la casa de sus abuelos

 2b Escucha y comprueba tus respuestas.

3 Con tu compañero/a, pregunta y contesta.

● ¿Adónde fuiste?

● Fui ¿Y tú?

● Fui ¿Adónde fue Adrián?

● Fue ¿Adónde fuisteis tú y tus primos?

● Fuimos [image] ¿Adónde fueron Isabel y Miguel?

● Fueron [image] ¿Adónde fueron Javier y Pablo?

● Fueron [image]

5 ¿Lo pasaste bien?

Saying what you did on holiday.
Other verbs in the preterite

1 Escucha y escribe los dibujos en el orden correcto.

a Nadé en el mar.

b Nos despertamos temprano.

c Compré una camiseta y unos zapatos.

d Me acosté a las cinco de la mañana.

e Nos alojamos en un hotel muy bueno.

f Viajamos en autobús.

g Nadamos en el río.

h Visité el estadio.

Gramática

The preterite

*You have learnt **ir** (to go) in the preterite tense. For regular **ar** verbs, take **ar** from the infinitive and add the following endings:*

compr**é**	*I bought*	compr**aste**	*you bought*	compr**amos**	*we bought*
nad**é**	*I swam*	nad**aste**	*you swam*	nad**amos**	*we swam*
visit**é**	*I visited*	visit**aste**	*you visited*	visit**amos**	*we visited*
me despert**é**	*I woke up*	te despert**aste**	*you woke up*	nos despert**amos**	*we woke up*

Fui al centro comercial y compré un disco compacto.   *I went to the shopping centre and I bought a CD.*
Nos despertamos temprano y fuimos al aeropuerto.   *We woke up early and we went to the airport.*

Para saber más → página 136, 24.1

2 Escucha y elige los dibujos apropiados.

1 a   b

2 a   b

3 a   b

4 a   b

3 Con tu compañero/a, pregunta y contesta.

Ejemplo:

- ¿Adónde fuiste de vacaciones?
- ¿Cómo fuiste?
- ¿Dónde te alojaste?
- ¿Qué visitaste?
- ¿Qué compraste?
- ¿Dónde nadaste?
- ¿Qué tal lo pasaste?

● Fui	a España a Francia	a Escocia a Londres	
	en avión en coche	en tren en autocar	en ferry
● Me alojé	en un hotel	en un camping	en un chalet
● Visité	una catedral	un castillo	un museo
● Compré	una camiseta una gorra	unos zapatos unas gafas de sol	
● Nadé	en el mar en el río	en la piscina en el lago	
● Lo pasé	muy bien	muy mal	fenomenal

4 Copia y completa las frases con las palabras apropiadas.

Pasé un fin de semana en Barcelona. _____ en avión. *Me alojé* en un hotel en el puerto.

El sábado por la mañana _____ el estadio y la catedral. Por la tarde fui de compras. _____

una gorra y una camisa. El domingo _____ tarde. Luego fui a la playa y _____ en el mar.

Lo pasé fenomenal.

Fui de excursión a Escocia con mis compañeros de clase. _____ en tren y en bicicleta.

_____ en un camping. _____ temprano. _____ en el río y en el lago de Loch Ness.

¡Qué frío! Menos mal que no encontramos al Monstruo.

5 Escribe seis frases similares sobre tus vacaciones.

Ejemplo: Fui de vacaciones a Cornualles con mis padres. Fuimos en …

6 Fueron de excursión

Saying what other people did on holiday
More practise using the preterite

Leer **1a** Empareja las frases con los dibujos.

1

2

3

4

5

6

7

8

a Miguel descansó.
b Marisol tocó la guitarra y todos cantaron.
c El monitor sacó una foto.
d Cenaron al aire libre.
e Javi y Marisol se bañaron.
f Llegaron tarde al camping.
g Se despertaron temprano.
h Visitaron un castillo.

Escuchar **1b** Escucha y comprueba tus respuestas.

Leer **1c** Mira los dibujos en **1a** otra vez y contesta a las preguntas.

1 ¿Se despertaron tarde o temprano?
2 ¿Quiénes se bañaron?
3 ¿Y Miguel?
4 ¿Qué visitaron?
5 ¿Quién sacó una foto?
6 ¿Llegaron tarde o temprano al camping?
7 ¿Qué pasó después de cenar?

Gramática

The preterite

ar *verbs in the preterite tense take the following endings:*

cantar	*to sing*
cant**é**	*I sang*
cant**aste**	*you sang (informal)*
cant**ó**	*he/she/it, you (formal) sang*
cant**amos**	*we sang*
cant**asteis**	*you sang*
cant**aron**	*they, you (formal) sang*

Jorge tocó la guitarra en el concierto.
Jorge played the guitar in the concert.

Para saber más → página 136, 24.1

2 Mira los dibujos. Copia y completa las frases con las palabras apropiadas.

Ejemplo:

1 *Se despertó* temprano.

2 _____ en el río.

3 Por la tarde _____ el castillo.

4 _____ al aire libre.

5 _____ tarde al camping.

6 _____ la guitarra.

7 Todos _____.

se despertó
se despertaron

se bañó
se bañaron

visitó
visitaron

cenó
cenaron

llegó   llegaron

tocó   tocaron

cantó   cantaron

3 Describe las excursiones. Tu compañero/a dice 'verdad' o 'mentira'.

Ejemplo:

● Marisa se despertó a las siete.
● Verdad. Fue a la playa.
● Mentira. Fue al bosque.

Marisa
Excursión al bosque y al castillo

1 Despertarse a las 7.00.
2 Ir al bosque.
3 Bañarse en el río.
4 Visitar el castillo.
5 Llegar al camping a las 7.30.
6 Cenar.
7 Acostarse a las 10.00.

Jaime, Carlos y Mireia
Excursión a la playa

1 Despertarse a las 8.00.
2 Ir a la playa.
3 Bañarse en el mar (o jugar al voleibol).
4 Visitar el pueblo.
5 Llegar al camping.
6 Cenar.
7 Tocar la guitarra y cantar.

4 Escribe frases sobre una de las excursiones.

Ejemplo: Jaime, Carlos y Mireia se despertaron a las ocho …

Resumen

I can …

■ *ask and say what there is of interest*	¿Qué hay de interés?
	Hay un campo de golf.
G *use se puede + inf.*	¿Se puede(n) ir a la playa?
■ *ask someone where they normally go on holiday and say where I go*	¿Adónde vas de vacaciones normalmente?
	Voy a la costa.
■ *ask someone how they travel*	¿Cómo vas?
■ *say how I travel*	Voy en coche.
■ *ask someone what they do during the holidays*	¿Qué haces durante las vacaciones?
G *use a number of verbs in the present tense*	Descanso.
	Me baño en el mar.
	Vamos al río.
	No nos acostamos hasta …
G *use the preterite of ir to talk about the past*	
■ *ask someone where they went last weekend*	¿Dónde fuiste la semana pasada?
■ *ask someone what they did*	¿Qué hiciste?
■ *say what others did*	Fuiste/Fue/Fueron a la discoteca.
■ *ask someone what they went for*	¿A qué fuiste?
■ *say what I went for*	Fui a comprar un CD.
■ *ask someone who they went with*	¿Con quién fuiste?
■ *say who I went with*	Fui con mi hermana.
■ *ask someone where they went last year*	¿Dónde fuiste de vacaciones el año pasado?
■ *say were I went*	Fui a España.
G *use some –ar verbs in the preterite*	
■ *ask someone where they stayed*	¿Dónde te alojaste?
■ *say where I stayed*	Me alojé en un hotel.
■ *ask someone what they visited*	¿Qué visitaste?
■ *say what I visited*	Visité una catedral.
■ *ask someone what they bought*	¿Qué compraste?
■ *say what I bought*	Compré unas gafas de sol.
■ *ask someone where they swam*	¿Dónde nadaste?
■ *say where I swam*	Nadé en el mar.
■ *ask if they had a good time*	¿Qué tal lo pasaste?
■ *say what sort of time I had*	Lo pasé muy bien.
■ *describe what someone else did*	Se despertó a las siete.
	Se bañó en el río.
	Jugaron al voleibol.

Prepárate

 1 Escucha las respuestas de Isabel y Martín. Elige los dibujos apropiados.

1 ¿Adónde vas de vacaciones normalmente?
2 ¿Cómo vas?
3 ¿Qué hay de interés en (Benecasim)?
4 ¿Qué haces?

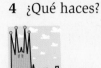

 2 Habla de tus vacaciones. Contesta a las preguntas de 1 (1–4).

 3a Lee el texto. Copia y completa las frases con las palabras apropiadas.

Normalmente ▭ de vacaciones con mis padres a un pueblo en la sierra. ▭ a visitar a mis abuelos. Pero el verano pasado ▭ con mis compañeros del instituto a Jerez de la Frontera. ▭ en tren. ▭ en un hotel. En Jerez ▭ un museo y también fui a la escuela ecuestre. ▭ un póster de los caballos. Todos los chicos ▭ a una discoteca y los profesores ▭ a una bodega a ver un espectáculo de flamenco. ¡Lo ▭ muy bien!   Noelia

nos alojamos
voy   compré
fui   fueron
vamos   pasé
fuimos   visité
fuimos

 3b Contesta a las preguntas.

1 Where does Noelia usually go on holiday?
2 Whom does she go with?
3 Where did she go last summer and whom did she go with?
4 How did she travel?
5 Where did she stay?
6 Which places did she visit?
7 What did she buy?
8 What was her feeling about the trip?

 4 Escribe una carta similar sobre ti.

7 ¡Extra! ¡Cuba!

1 El año pasado fui de vacaciones a Cuba. Cuba es la isla más grande del Caribe y en mi opinión es la más bonita. Fui en avión. El viaje duró ocho horas. Pasé unos días en La Habana, la capital. Me alojé en un hotel en el Malecón, el paseo largo que bordea el mar.

2 La Habana es una ciudad fantástica con mucha vida callejera. Hay edificios antiguos muy bonitos, plazas y calles estrechas, parques y monumentos. Lo que más me gustó fueron los coches americanos de los años cincuenta.

3 Hay música en todas partes. Músicos tocan salsa y están en todos los bares y restaurantes, en las plazas, en los hoteles y ¡hasta en el aeropuerto! La vida nocturna es fenomenal. Bailé en discotecas casi todas las noches.

4 Hay muchas playas estupendas en Cuba. Pasé unos días en la playa en Varadero. Hizo mucho calor, tomé el sol, descansé y practiqué deportes acuáticos como el water ski y el buceo. Aprendí a hacer vela. Me encantó.

6 Volví a La Habana y fui de compras. Compré una camiseta de Che Guevara para mi hermano, una caja de puros para mi padre, ron para mi abuelo, café para mi abuela y una hamaca para mi madre. La última noche vi un partido de béisbol.

5 También pasé unos días en el campo en Pinar del Río. Hice senderismo, observé la naturaleza tropical, monté a caballo y visité una plantación de tabaco.

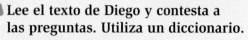

1a **Lee el texto de Diego y contesta a las preguntas. Utiliza un diccionario.**

1 When did Diego go to Cuba?
2 How long was the journey?
3 How long did he stay in Havana?
4 What did he like the most about Havana?
5 What does he say about the music?
6 What was the weather like?
7 What did he do in Varadero?
8 Name two things he did in Pinar del Río.
9 What presents did he buy for his father and his grandmother?
10 What did he do on the last evening?

¡OJO!

When you look up a Spanish adjective in a dictionary, make sure you look for it in its masculine, singular form: you won't find **estrechas** *but you will find* **estrecho** *(narrow).*

Likewise, if you look up a Spanish verb in a dictionary, make sure you look for it in the infinitive: you won't find **volví** *(I returned) but you will find* **volver** *(to return).*

You may also find several definitions for a word. You should decide which is the right one by looking at the context of the word.

1b **Escucha. ¿Qué diferencias hay entre lo que dice Diego y lo que escribe en 1a? (1–15)**

Ejemplo: 1a – *bonita*   1b – *interesante*

Leer

2a Lee el diario de Miguel. Copia y rellena el cuadro.

	lunes		martes		miércoles	
	mañana	tarde	mañana	tarde	mañana	tarde
Miguel						
Claudia						
padre						
madre						

Hablar

2b Eres Miguel. Con tu compañero/a, pregunta y contesta.

Ejemplo:
- ¿Qué hiciste (el lunes) por (la mañana)?
- (Fui a la playa) y (tomé el sol).

¿Qué hiciste?   *What did you do?*

lunes

Por la mañana fuimos a la playa, tomamos el sol y nos bañamos. Por la tarde me bañé en la piscina mientras mis padres durmieron la siesta. Después de cenar monté en bicicleta.

martes

Después de desayunar practicamos la vela. ¡Qué emocionante! Después de comer mi hermana y yo jugamos al tenis. Por la noche Claudia y yo fuimos a la discoteca a bailar salsa.

miércoles

Mi padre y yo fuimos de excursión todo el día. Alquilamos unos caballos y fuimos al campo a observar aves. ¡Qué bonito! Mi madre jugó al golf y mi hermana jugó al voleibol en la playa con unos amigos nuevos.

Palabras

¿Qué hay de interés … ?	What is there of interest … ?
¿Hay … ?	Is there/are there … ?
No, pero hay …	No, but there is …
una playa	a beach
un campo de golf	a golf course
un paseo marítimo	an esplanade
un espectáculo de flamenco	a flamenco show
una plaza de toros	a bull ring
una escuela de caballos	a riding school
un parque temático	a theme park
un zoo	a zoo
bodegas	taverns, wine cellars
restaurantes	restaurants
bares	bars
discotecas	clubs
centros comerciales	shopping centres
Se puede …	You can …
comprar …	(to) buy …
ver …	(to) see …
la fiesta de la feria del caballo	horse festival
corridas de toros	bullfights
ballet con caballos	dressage
animales	animals
ir a la playa	(to) go to the beach
ir de paseo	(to) go for a walk
montar a caballo	(to) go horseriding
comer	(to) eat
tomar algo	(to) have a drink
Se pueden …	You can …
ver animales	(to) see animals
practicar deportes	(to) do sports
practicar alpinismo	(to) go climbing
practicar deportes acuáticos	(to) do watersports
el surfing	surfing
la pesca	fishing
el buceo	snorkelling

¿Adónde vas de vacaciones normalmente?	Where do you normally go on holiday?
Voy …	I go …
a la costa	to the coast
a la sierra	to the mountains
al campo	to the countryside
un pueblo	town/village
cerca de …	near …
en el centro de …	in the centre of …
¿Cómo vas?	How do you travel?

Voy …	I go …
en coche	by car
en avión	by plane
en tren	by train
en autocar	by coach
en ferry	by ferry

¿Qué haces durante las vacaciones?	What do you do during the holidays?
Descanso.	I relax/rest.
Me baño en el mar.	I go swimming in the sea.
Tomo el sol.	I sunbathe.
Voy de paseo.	I go for a walk.
Voy a discotecas.	I go clubbing.
Monto en bicicleta.	I go cycling.
Saco fotos.	I take pictures.
Hago surfing.	I go surfing.
Hay …	There is/there are …
mucho para los jóvenes	a lot for young people (to do)
pistas de tenis	tennis courts
un campo de fútbol	football pitch
Vamos …	We go …
al río	to the river
a la piscina	to the swimming pool
Nadamos	We swim
Tenemos …	We have …
carreras de bicicletas	cycling races
partidos de fútbol	football matches
No nos acostamos hasta	We don't go to bed … until …

El fin de semana pasado …	Last weekend …
¿Adónde fuiste … ?	Where did you go … ?
¿Qué hiciste …?	What did you do … ?
el lunes	on Monday
el año pasado	last year
el viernes por la mañana	on Friday morning
el sábado por la mañana	on Saturday morning
el sábado por la tarde	on Saturday afternoon/ evening
el domingo por la mañana	on Sunday morning
el domingo por la tarde	on Sunday afternoon/ evening
Fui …	I went …
Fuiste …	You went …
Sara fue ….	Sara went …
(Edu y Rafa) fueron …	(Edu and Rafa) went …
a la discoteca	to the club
a la playa	to the beach
a la casa de sus abuelos	to their grandparents' house

a la biblioteca	*to the library*
al centro de la ciudad	*to the city centre*
al parque	*to the park*
al centro comercial	*to the shopping centre*
al mercado	*to the market*
al polideportivo	*to the sports centre*
al estadio	*to the stadium*
al cine	*to the cinema*
al museo	*to the museum*
a la tienda	*to the shop*
a casa de mi amigo	*to my friend's house*
a mi clase de piano	*to my piano lesson*
de excursión	*on a trip*
Tomé el sol.	*I sunbathed.*
Me bañé.	*I swam.*
Monté en bicicleta.	*I went cycling.*
Practiqué la vela.	*I went sailing.*
Jugué al tenis.	*I played tennis.*

¿A qué fuiste?	*What did you go for?*
a comprar un CD	*to buy a CD*
a jugar al voleibol	*to play voleibol*
a ver un partido de fútbol	*to see a football match*
a ver …	*to see …*
una película	*a film*
mis tías	*my aunts*
mis tíos	*my uncles/my uncle and aunt*

¿Con quién fuiste?	*Who did you go with?*
Fui con …	*I am going with …*
mi hermana	*my sister*
mi tía	*my aunt*
mi tío	*my uncle*
mi prima	*my cousin*
mi compañeros del instituto	*my school friends*

El año pasado — *Last year*

¿Adónde fuiste de vacaciones?	*Where did you go on holiday?*
Fui …	*I went …*
a España	*to Spain*
a Francia	*to France*
a Escocia	*to Scotland*
a Londres	*to London*
¿Cómo fuiste?	*How did you get there?*
¿Dónde te alojaste?	*Where did you stay?*
Me alojé …	*I stayed …*
en un hotel	*in a hotel*
en un camping	*in a campsite*
en un chalet	*in a chalet/house/villa*
en un hotel	*in a hotel*

¿Qué visitaste?	*What did you visit?*
Visité …	*I visited …*
una catedral	*a cathedral*
un castillo	*a castle*
un museo	*a museum*
el estadio	*the stadium*
¿Qué compraste?	*What did you buy?*
Compré …	*I bought …*
una camiseta	*a T-shirt*
una gorra	*a baseball cap*
unas gafas de sol	*sunglasses*
¿Dónde nadaste?	*Where did you swim?*
Nadé …	*I swam …*
en el mar	*in the sea*
en el río	*in the river*
en la piscina	*in the swimming pool*
en el lago	*in the lake*
¿Qué tal lo pasaste?	*Did you have a good time?*
Lo pasé …	*I had a … time.*
muy bien	*really good*
muy mal	*really bad*
fenomenal	*great*
Nos despertamos temprano.	*We woke up early.*
Me acosté a las cinco de la mañana.	*I went to bed at 5 a.m. in the morning.*
Viajamos en …	*We travelled by …*

¿Qué hizo/hicieron? — *What did he/she/they do?*

Se despertó …	*He/She got up …*
Se despertaron …	*They got up …*
a las siete	*at seven o'clock*
a las ocho	*at eight o'clock*
Fue …	*He/She went …*
Fueron …	*They went …*
al bosque	*to the woods*
a la playa	*to the beach*
Se bañó …	*He/She swam …*
Se bañaron …	*They swam …*
Jugaron al voleibol	*They played volleyball*
Visitó …	*He/She visited …*
Visitaron …	*They visited …*
el pueblo	*the village*
Llegó …	*He/She arrived …*
Llegaron …	*They arrived …*
al campamento	*at the camp*
Cenó …	*He/She ate …*
Cenaron …	*They ate …*
Se acostó …	*He/She went to bed*
Tocaron la guitarra	*They played the guitar*
Cantaron	*They sang*

1 ¿Quieres ir al cine?

Making arrangements to go out

 1 Empareja los lugares con los dibujos.

 1

 2

 3

 4

 5

| a el club de jóvenes | b el cine | c el parque de atracciones | d la bolera | e la pista de hielo |

 2a Escucha y lee. Contesta a las preguntas.

– ¿Diga?
– Hola, Gerardo. Soy Marisa.
¿Quieres salir conmigo el sábado?
– ¿Adónde quieres ir?
– No sé, al cine o a la bolera.
– Pues, prefiero ir al cine.
– Bueno. ¿A qué hora?
– A las siete.
– ¿Dónde quedamos?
– En la plaza.
– Vale.
– Hasta mañana.
– Adiós.

1 ¿Para qué día quedan Gerardo y Marisa?
2 ¿Adónde van?
3 ¿A qué hora quedan?
4 ¿Dónde?

Gramática

How to say 'with me', 'with you'

conmigo   *with me*
contigo   *with you*

¿Quieres salir conmigo?   *Do you want to go out with me?*
No, no quiero salir contigo.   *No, I don't want to go out with you.*

Para saber más → página 131, 10.5

¿Diga?/¿Dígame?
¿Quieres salir/venir conmigo?
¿Adónde quieres ir?
¿A qué hora?
¿Dónde quedamos?
Bueno/Vale

2b Escucha. Copia y rellena el cuadro.

	¿Dónde?	¿A qué hora?	¿Dónde quedan?
1 Javier y Felipe			
2 Santiago y Elena			
3 Raúl y Mónica			
4 Alejandra y Marta			

2c Con tu compañero/a, pregunta y contesta.

Ejemplo:
- ● ¿Quieres venir/salir (al cine) conmigo (esta tarde)?
- ● A (las siete).
- ● (En la plaza).

- ● Bueno. ¿A qué hora?
- ● ¿Dónde nos encontramos?
- ● Vale.

3a Lee los mensajes y completa las palabras con las letras que faltan.

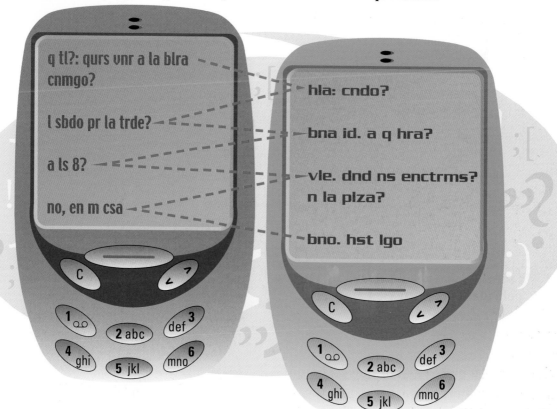

q tl?: qurs vnr a la blra cnmgo?

l sbdo pr la trde?

a ls 8?

no, en m csa

hla: cndo?

bna id. a q hra?

vle. dnd ns enctrms? n la plza?

bno. hst lgo

3b Lee la conversación en **2a** otra vez y escribe otro similar.

2 ¿Qué tipo de películas te gustan?

Saying what sort of films you like
Justifying an opinion

Leer

1 Mira las palabras y nombra una película para cada tipo.
Look at the words and name a film for each type.

1 *una película romántica*

2 una película cómica

3 **UNA PELÍCULA POLICÍACA**

4 UNA PELÍCULA DE CIENCIA-FICCIÓN

5 una película de acción

6 UNA PELÍCULA DE TERROR

7 UNA PELÍCULA DE DIBUJOS ANIMADOS

8 **UNA PELÍCULA DE GUERRA**

9 una película del oeste

¡¡¡Y VUELVEN!!! DE NEGRO
SR. JONES   SR. SMITH
MIIB
HOMBRES DE NEGRO II

VIN DIESEL
NUNCA LA PANTALLA ESTUVO TAN LLENA DE ACCIÓN.
UNA NUEVA CLASE DE

HAY QUE VOLVER AL PRINCIPIO PARA ENTENDER EL ORIGEN DEL MAL.
EL DRAGÓN ROJO
ESTRENO 25 DE OCTUBRE
www.tierra.es/dragonrojo

(No) Me gustan las películas Prefiero las películas	románticas cómicas policíacas de ciencia-ficción de acción de terror de dibujos animados de guerra del oeste	porque (no) son	emocionantes aburridas inteligentes divertidas animadas graciosas infantiles interesantes tontas

Escuchar

2a Escucha a los jóvenes. ¿Qué tipo de películas prefieren? (1–4)

Ejemplo: 1 – película de acción

Escuchar

2b Escucha otra vez. ¿Por qué prefieren las películas?

Ejemplo: 1 – Porque son más emocionantes.

¡OJO!

How to say 'why?' and 'because'

¿por qué?   *why?*
porque   *because*

Remember the differences: **¿por qué?** *is two words and* **qué** *has an accent (don't forget the question marks);* **porque** *is all one word with no accents.*

¿Por qué te gustan las películas cómicas?
Why do you like comedy films?
Porque son graciosas.   *Because they are funny.*

2c Haz un sondeo. Pregunta a cinco de tus compañeros/as.

Ejemplo:
- ¿Qué tipo de películas prefieres?/
  ¿Te gustan las películas (de acción)?
- (No) me gustan las películas (de acción).
- ¿Por qué?
- Porque (no) son (interesantes).

 2d Escribe unas frases sobre los tipos de películas que prefieres.

 3a Lee las opiniones. Escribe 'Estoy de acuerdo' o 'No estoy de acuerdo' para cada frase.
Read the opinions. Write 'I agree' or 'I don't agree' for each sentence.

1 La música «garage» es menos movida que la música "r'n'b".
2 Las corridas de toros son más crueles que las carreras de caballos.
3 Los espectáculos de flamenco son menos aburridos que visitar museos.
4 Los conciertos de música clásica son más populares que los conciertos de música "rock".
5 Los partidos de pelota son menos rápidos que los partidos de tenis.
6 Los parques temáticos son más emocionantes que los parques zoológicos.

movido/a *lively*

3b Escribe seis frases similares comparando diferentes diversiones.
Write six similar sentences comparing different activities.

3 Dos entradas, por favor

Buying cinema tickets

1a Lee la conversación en el cine y contesta a las preguntas.

– Dos entradas, por favor.
– ¿Para qué película?
– Para *Quiero ser como Beckham.*
– ¿Para qué sesión?
– Para la sesión de las siete y media.
– Aquí tiene.
– ¿Cuánto es?
– Son once euros.
– ¿Qué pantalla es?
– Es la pantalla dos.

1 ¿Cuántas entradas compra la persona?
2 ¿Cómo se llama la película?
3 ¿A qué hora empieza la sesión?
4 ¿Cuánto son las entradas?
5 ¿En qué pantalla ponen la película?

pantalla *screen*

1b Escucha las conversaciones (1–5) y contesta a las preguntas en **1a**.

1c Con tu compañero/a, haz un diálogo similar al de **1a**.

2 Lee las categorías y elige una película apropiada para estas personas.

apta para todos los públicos   *para mayores de 7 años*   *para mayores de 13 años*   *para mayores de 18 años*

1 una madre con una niña pequeña   *2 unos novios de 19 años*   *3 un grupo de jóvenes de 12 años*   *4 unos amigos de 16 años*

novio/a	boy/girlfriend

3 Mira el póster y contesta a las preguntas.

a What sort of film is showing?
b Who is the film suitable for?
c What screen is it showing on?
d How much would 3 tickets cost?
e Could you go and see the film at 7 o'clock?

4 En un ordenador diseña un póster para un cine. Incluye:

- el nombre de la película
- el tipo de película que es
- la categoría
- el precio de las entradas
- las horas de las sesiones
- la pantalla en que la ponen

EL SEÑOR DE LOS ANILLOS
LAS **DOS TORRES**

Película de ciencia-ficción
Apta para todos los públicos
Pantalla 2
Entradas 5,50€
Sesiones a las: 12.00, 16.00, 18.00

4 ¡Es genial!

Describing an event in the present tense

a Es verano.

b Estamos en España.

c Hoy visitamos el pueblo de Buñol, cerca de Valencia.

d Hace sol y hace calor.

e Sólo llevamos pantalones cortos o trajes de baño.

f Estamos aquí para la fiesta.

g La fiesta se llama La Tomatina porque hay una gran batalla de tomates.

h Tiramos 50,000 kilos de tomates en una hora.

i ¡Es genial!

j ¡Después de la fiesta nos duchamos!

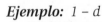

1 Empareja las preguntas con las respuestas apropiadas en la foto.

Ejemplo: 1 – d

1 ¿Qué tiempo hace?
2 ¿En qué país estamos?
3 ¿Es verano o invierno?
4 ¿Qué pueblo visitamos hoy y por qué?
5 ¿Qué llevamos?

6 ¿Cómo se llama la fiesta y por qué?
7 ¿Cómo es la fiesta?
8 ¿Qué pasa durante la fiesta?
9 ¿Qué hacemos después?

2a Escucha y empareja los textos con los dibujos. (1–5)

1 Estoy en el parque zoológico, con mi hermano.
2 No hay mucha gente pero hay muchos cuadros.
3 Aquí hace mucho frío.
4 Por la mañana jugamos al fútbol en la playa.
5 Es aburrido porque todos mis amigos están de vacaciones y no hay nada que hacer.

a    *b*    *c*    *d*    *e*

2b Elige un lugar de los dibujos en **2a**. Con tu compañero/a, pregunta y contesta.
Utiliza información de **2a** o inventa respuestas.

Ejemplo:
● Hola. ¿Dónde estás?
● ¿Con quién estás?
● ¿Qué tiempo hace?
● ¿Cómo es?
● ¿Por qué?

● Estoy (en el parque zoológico).
● Estoy aquí (con mi amigo).
● Hace (mucho sol).
● ¡Es (fenomenal)!
● ?

¡OJO!

¿Dónde?	*Where?*
¿Con quién?	*With whom?*
¿Qué?	*What?*
¿Cómo?	*How?*
¿Por qué?	*Why?*

2c Mira los dibujos y escribe una conversación similar a la de **2b**.

5 ¿Qué hiciste el sábado?

Describing an event in the past

1a Escucha y escribe la letra apropiada.

Ejemplo: 1 – b

El sábado fui a un partido de fútbol.

	a	b	c
1 Salí de casa a la(s)	05:30	11:00	01:00
2 Fui en			
3 Vi un partido entre	el Real Madrid y el Valencia	el Barcelona y el Betis	el Arsenal y el Manchester United
4 Llevé	una camiseta 	un gorro de lana 	una bufanda 
5 Comí	patatas fritas 	una hamburguesa con cebolla 	un perrito caliente 
6 Bebí	una Coca-Cola 	un café con leche 	una naranjada 
7 Vi a	Raúl	Javier Saviola	David Beckham
8 En el descanso	leí el programa 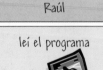	fui a los servicios	hice una llamada con mi móvil

1b Lee las frases y escribe la letra apropiada.

1 ¿A qué hora saliste de casa?
2 ¿Cómo fuiste?
3 ¿Qué partido viste?
4 ¿Qué llevaste?

5 ¿Qué comiste?
6 ¿Qué bebiste?
7 ¿A quién viste?
8 ¿Qué hiciste en el descanso?

Gramática

The preterite

Regular verbs ending in **er** *and* **ir** *go like this:*

comer	*to eat*	salir	*to go out*
com**í**	*I ate*	sal**í**	*I went out*
com**iste**	*you ate*	sal**iste**	*you went out*
com**ió**	*he/she/it/you (formal) ate*	sal**ió**	*he/she/it/you (formal) went out*
com**imos**	*we ate*	sal**imos**	*we went out*
com**isteis**	*you ate*	sal**isteis**	*you went out*
com**ieron**	*they/you (formal) ate*	sal**ieron**	*they/you (formal) went out*

For irregular verbs:

ver
vi   *I saw*

venir
vine   *I came*

hacer
hice   *I made, I did*

Para saber más → página 136, 24.1

1c Con tu compañero/a, contesta a las preguntas en **1b**, sobre el partido.
Elige las respuestas que prefieres (a–c).

Ejemplo:
- ¿A qué hora saliste de casa?
- Salí de casa a la una.

2 Completa las frases con los verbos apropiados.

bebimos   comimos   empezó   fui   hice

leí   llevé   salí   vi

El sábado (**1**) *fui* de excursión al campo con mis amigos. (**2**) _____ de casa muy temprano por la mañana, a las seis y media. (**3**) _____ una mochila, un anorak, bocadillos, fruta y agua. A mediodía (**4**) _____ los bocadillos y la fruta. Por la tarde (**5**) _____ toda el agua. Luego (**6**) _____ a llover. Además no (**7**) _____ bien el mapa. ¡Nos perdimos! Por fin (**8**) _____ una cabina de teléfono. (**9**) _____ una llamada a casa. Mi padre vino a buscarnos en el coche.

3 Escribe ocho frases sobre un partido de fútbol/una excursión.

Ejemplo: El sábado fui … Salí de casa a las …

6 El estadio estaba lleno

Describing what things were like

1 Escucha y elige los dibujos apropiados.

Ejemplo: 1 – b

a

b

c

d

e

Gramática

Imperfect tense

The imperfect tense is used for describing the weather and time in the past:

Hacía buen tiempo.	*The weather was good.*
No **hacía** frío.	*It wasn't cold.*
Era la una.	*It was one o'clock.*
Eran las dos.	*It was two o'clock.*

The imperfect is used for other descriptions in the past:

Comimos en un restaurante estupendo. La paella **estaba** riquísima.
We ate in a fantastic restaurant. The paella was delicious.

Llegué tarde a clase porque **había** mucho trafico.
I arrived late for school because there was a lot of traffic.

Para saber más → página 137, 25

En abril pasé un fin de semana en Madrid. Fui con mis padres, mi hermano y mi amigo Mateo. El sábado por la mañana fuimos primero al Museo del Prado. Había muchos cuadros. Después vimos el famoso cuadro de Picasso, Guernica, en el Reina Sofía. Era increíble.

Después fuimos a la Plaza Mayor. Hacía sol. Había muchos cafés y restaurantes. Bebí una naranjada y comí unas tapas. Por la tarde fuimos a un centro comercial. Había muchas tiendas buenas.

El sábado por la noche fuimos a un concierto de Oasis. El estadio estaba lleno. No había asientos libres.

El domingo por la mañana no había mucho tráfico en el centro. Como hacía buen tiempo, fuimos todos de paseo al Parque del Retiro. Después comimos paella en un restaurante estupendo. La paella estaba riquísima.

Luego, por la tarde, volvimos a casa, cansados y contentos.

Enrique

2 **Lee el texto en la página 88 y contesta a las preguntas.**

1 *When did Enrique go to Madrid and how long was he there?*
2 *What was Enrique´s main impression of the Prado Museum?*
3 *What was it like in the Plaza Mayor?*
4 *Where did they go in the afternoon and what did they find there?*
5 *Was the Oasis concert popular? How do you know?*
6 *What was Madrid city centre like on Sunday morning?*
7 *Why did they decide to go for a walk in Retiro Park?*
8 *What was the paella like?*

3 **Elige las palabras apropiadas para describir un fin de semana real o imaginario. Contesta a las preguntas de tu compañero/a.**

● ¿Adónde fuiste?
● ¿Qué tiempo hacía?
● ¿Qué había en (Madrid)?

● Fui	a	Madrid
		París
		Londres
		Dublín
	al	cine
		parque
		campo
		centro comercial
		museo
	a la	piscina
		plaza
		pista de hielo
● Hacía	buen tiempo	
	mal tiempo	
	sol	
	calor	
	frío	
	viento	

● Había	muchas	tiendas
		iglesias
	muchos	cafés y restaurantes
		museos
		parques
	mucho	tráfico
	mucha	gente

¡OJO!

Make your writing more interesting. Try using these adverbs:

primero — *first of all*
después — *afterwards*
luego — *then*

Make your sentences longer by joining them with 'y' and 'pero'.

4 **Escribe frases sobre el fin de semana de 3.**

El sábado
Por la mañana
Por la tarde
Por la noche

El domingo
Por la mañana
Por la tarde

El sábado por la mañana fui al centro comercial. Había mucha gente. **Por la tarde** *fui al parque. Hacía buen tiempo.* **Por la noche** *fui al cine. El cine estaba lleno.*

Resumen

I can …

■ *ask someone if they want to go out and where they would like to go*	¿Quieres salir/venir conmigo? ¿Adónde quieres ir?
■ *ask and say what time to meet and where*	¿A qué hora? A las siete. ¿Dónde quedamos? En la plaza.
■ *refuse an offer to go out*	No, no quiero salir contigo.
■ *say what types of films I (don't) like*	(No) Me gustan las películas románticas.
■ *say what types of films I prefer*	Prefiero las películas policíacas.
G *make longer sentences using* porque	… porque (no) son emocionantes.
G *make comparisons*	Las películas de acción son más/menos divertidas que las películas de terror.
■ *book tickets at the cinema*	Dos entradas, por favor. Para la sesión de las siete y media.
■ *ask how much tickets are*	¿Cuánto es?
G *describe an event in the present tense*	
■ *ask someone where they are*	¿Dónde estás?
■ *say where I am*	Estoy en el parque zoológico.
■ *say who I am with*	Estoy aquí con mi amigo/a.
■ *ask and say what the weather is like*	¿Qué tiempo hace? Hace mucho sol.
■ *ask what kind of a time they are having*	¿Cómo es?
■ *say how it is*	Es fenomenal.
G *use some –er and –ir verbs in the preterite tense*	
G *use some irregular verbs in the preterite tense*	
■ *ask someone what they did on their day out and say what I did*	¿Qué hiciste? Salí de casa a las cinco y media.
■ *ask someone where they went and how they got there*	¿Adónde fuiste? ¿Cómo fuiste?
■ *say where I went and how I got there*	Fui al parque. Fui en tren.
■ *ask what match they saw*	¿Qué partido viste?
■ *say which one I saw*	Vi un partido entre … y …
■ *ask what they wore*	¿Qué llevaste?
■ *say what I wore*	Llevé una camiseta.
■ *ask what they ate/drank*	¿Qué comiste/bebiste?
■ *say what I ate/drank*	Comí patatas fritas./Bebí una naranjada.
■ *ask who they saw and say who I saw*	¿A quién viste? Vi a Raúl.
G *use some phrases in the imperfect tense*	
■ *ask and say what the weather was like*	¿Qué tiempo hacía? Hacía buen tiempo.
■ *ask and say what there was there*	¿Qué había en Madrid? Había muchas tiendas.

Prepárate

1 ¿Qué tipo de películas les gustan? Escucha y elige el dibujo apropiado para cada diálogo.

a   b   c   d

2 Escucha los diálogos y completa la información.

	¿cuándo?	¿adónde?	¿dónde?	¿a qué hora?
1	el domingo	al club de jóvenes		
2				
3				

3 Con tu compañero/a, haz un diálogo similar usando la información del cuadro.

- ¡Hola, (Alisha)! ¿Quieres salir conmigo (el viernes)?
- (Al club de jóvenes).
- A las (siete y media).
- En (mi casa).
- Adiós.

- ¿Adónde quieres ir?
- Bueno. ¿A qué hora?
- ¿Dónde quedamos?
- Vale. Hasta luego.

4a Completa el correo electrónico con las palabras apropiadas.

hacía   fui

visitamos

fuimos   vimos

fui

¡Hola, Elsa! ¿Qué tal?
El fin de semana _____ a Sevilla con mis padres y mi hermano. _____ en tren. El sábado por la mañana _____ la catedral. Hacía sol y _____ mucho calor.
Por la tarde _____ con mi hermano al parque temático, Isla Mágica. El domingo por la mañana fuimos de paseo. Después fuimos a un partido de fútbol. _____ un partido entre el Betis y el Real Mallorca. ¡Lo pasé fenomenal!
Hasta pronto
Mario

4b Lee el correo electrónico otra vez y contesta a las preguntas.

1 With whom did Mario go to Sevilla?
2 How did they get there?
3 What did they do on Saturday morning?
4 What was the weather like?

5 What did Mario do on Sunday afternoon?
6 What did he think about the whole weekend?

4c Escribe un correo electrónico similar sobre lo que hiciste el fin de semana pasado.

Diego Armando Maradona

Diego Maradona nació el 30 de octubre de 1960, en Buenos Aires. Su familia tenía poco dinero. Diego aprendió a jugar al fútbol en la calle.

Empezó a jugar en Las Cebollitas, el equipo infantil del club Argentinos Juniors, en diciembre de 1970. Tenía 10 años. Era pequeño pero jugaba muy bien.

Debutó en primera división el 20 de octubre de 1976. Tenía 15 años. Jugó para Argentinos Juniors durante 4 años. Era un delantero genial y marcó 116 goles.

Maradona jugó para el equipo nacional de Argentina por primera vez en 1977. Tenía sólo 17 años. Jugó en 91 partidos para Argentina y marcó 34 goles. Maradona jugó en la Copa Mundial de 1986 en México. Argentina derrotó a Inglaterra en las finales y luego ganó la Copa.

De 1984 a 1991 Maradona jugó en Italia para el club Nápoli. Marcó 115 goles en total. Después jugó en España y luego volvió a jugar en Argentina.

Leer

1   Lee el texto y contesta a las preguntas.

a   *Where and when was Maradona born?*
b   *What do you know about his family?*
c   *Who were* Las Cebollitas *(The Little Onions!) and when did Maradona join them?*
d   *How old was Maradona when he first played in Argentina's First Division?*
e   *What did Maradona do in 1986 and what was the outcome?*
f   *Who is Raúl?*
g   *Which team does he play for?*
h   *How old is he?*
k   *When did he first play in La Liga?*
j   *What does Raúl have in common with Maradona?*

Raúl González **Blanco**

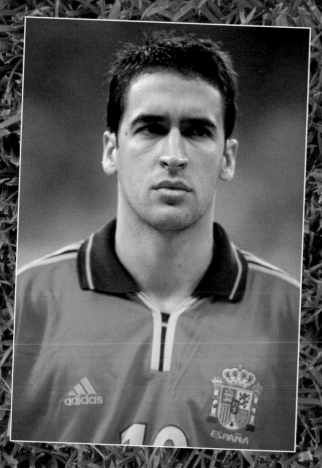

Raúl es un ídolo del fútbol español. Juega para el Real Madrid y para la selección española. Vive en Madrid. Es delantero y marca muchos goles.

Raúl nació el 27 de junio de 1977 en Madrid. Vivía con su familia en el barrio de San Cristóbal de los Ángeles en Madrid. Aprendió a jugar al fútbol cuando era pequeño. Empezó a jugar en el equipo infantil de su barrio.

En 1989, cuando tenía 12 años, Raúl empezó a jugar para el equipo juvenil del Atlético de Madrid.

A los 16 años fue al Real Madrid. Un año más tarde, Raúl tuvo la oportunidad de jugar un partido en la Liga para el Real Madrid. Jugó muy bien y desde entonces juega para el Real Madrid y para la selección española.

2002 FIFA   EL MUNDIAL   **PASS**

Nombre:
Fecha de nacimiento:
Ciudad:
País:
Nacionalidad:
Equipos:
Posición:

2 Escucha y escribe M para Maradona o R para Raúl.

Ejemplo: 1 – R

3a Copia y completa la ficha para Maradona y Raúl.

3b Busca información sobre un futbolista y escribe sobre su vida.

Ejemplo: Michael Owen es un ídolo del fútbol inglés. Juega para el Liverpool y para el equipo nacional de Inglaterra. Vive en …

Palabras

¿Quieres salir/venir conmigo?	*Do you want to go out/ come with me?*
¿Diga?/¿Dígame?	*Hello?*
esta tarde	*this afternoon*
el sábado	*on Saturday*
por la tarde	*in the afternoon/evening*
¿Adónde quieres ir?	*Where do you want to go?*
al club de jóvenes	*to the youth club*
al cine	*to the cinema*
al parque de atracciones	*to the amusement park*
a la bolera	*to the bowling-alley*
a la pista de hielo	*to the ice rink*
¿A qué hora?	*At what time?*
A las siete	*At seven o'clock.*
¿Dónde quedamos?	*Where shall we meet?*
Bueno/Vale.	*Good./Ok.*
No, no quiero salir contigo.	*No, I don't want to go out with you.*

Las películas	*Films*
(No) me gustan las películas …	*I (don't) like … films.*
Prefiero las películas …	*I prefer … films.*
románticas	*romantic (romances)*
cómicas	*comedy (comedies)*
policíacas	*detective/crime*
de ciencia-ficción	*sci-fi*
de acción	*action*
de terror	*horror*
de dibujos animados	*animated (cartoons)*
de guerra	*war*
del oeste	*western (westerns)*
Porque (no) son …	*Because they are (not) …*
más … que …	*more … than …*
menos … que …	*less … than …*
emocionantes	*emotional*
aburridas	*boring*
inteligentes	*intelligent*
divertidas	*fun*
animadas	*lively*
graciosas	*funny/amusing*
infantiles	*childish*
interesantes	*interesting*
tontas	*stupid*

Dos entradas, por favor.	*Two tickets, please.*
¿Para qué película?	*For which film?*
Para …	*For …*
¿Para qué sesión?	*For which performance?*
Para la sesión de …	*For the … performance.*
Aquí tiene.	*Here it is/you are.*
¿Cuánto es?	*How much is it?*
Son … euros.	*It's … euros.*
¿Qué pantalla es?	*What screen is it?*
Es la pantalla …	*It's screen …*
Apta …	*Suitable …*
para todos los públicos	*for all ages*
para mayores de … años	*for … and over*

¿Dónde estás?	*Where are you?*
Estoy …	*I am …*
en el parque zoológico	*at the zoological gardens*
¿Con quién estás?	*Whom are you with?*
Estoy aquí con …	*I'm here with …*
mi amigo/a	*my friend*
¿Qué tiempo hace?	*What is the weather like?*
Hace …	*It is …*
(mucho) sol	*(very) sunny*
calor	*hot*
frío	*cold*
¿Cómo es?	*What is it like?*
Es …	*It's …*
fenomenal	*fantastic*
genial	*great*
¿Por qué?	*Why?*

¿Qué hiciste …?	*What did you do …?*
¿A qué hora saliste de casa?	*What time did you leave the house?*
Salí de casa …	*I left the house …*
a las cinco y media	*at half past five*
a las once	*at eleven*
a la una	*at one*
a las seis y media	*at six thirty*
muy temprano	*very early*
¿Cómo fuiste?	*How did you go?*
Fui en …	*I went by …*
tren	*train*
coche	*car*
autocar	*coach*
¿Qué partido viste?	*What match did you see?*
Vi un partido entre …	*I saw a match between …*
¿Qué llevaste?	*What did you wear?*
Llevé …	*I wore …*
una camiseta	*a T-shirt*
un gorro de lana	*a woolly hat*
una bufanda	*a scarf*
un anorak	*an anorak*
¿Qué comiste?	*What did you eat?*
Comí …	*I ate …*
patatas fritas	*french fries, chips*
una hamburguesa con cebolla	*a hamburger with onions*
un perrito caliente	*a hot dog*
los bocadillos	*sandwiches*
la fruta	*fruit*
¿Qué bebiste?	*What did you drink?*
Bebí …	*I drank …*
un café con leche	*a white coffee*
una naranjada	*an orangade*
el agua	*water*
el vino	*wine*
¿A quién viste?	*Whom did you see?*
Vi a …	*I saw …*
¿Qué hiciste en el descanso?	*What did you do at half time?*
En el descanso …	*At half time …*
leí el programa	*I read the programme*
fui a los servicios	*I went to the toilet*
hice una llamada con mi móvil	*I made a call on my mobile*

¿Adónde fuiste?	*Where did you go?*
Fui a …	*I went to …*
al parque	*to the park*
al campo	*to the countryside*
al museo	*to the museum*
a la piscina	*to the swimming pool*
a la plaza	*to the square*
a la pista de hielo	*to the ice rink*
¿Qué tiempo hacía?	*What was the weather like?*
Hacía …	*It was …*
buen tiempo	*nice weather*
mal tiempo	*bad weather*
sol	*sunny*
calor	*hot*
frío	*cold*
viento	*windy*
¿Qué había en (Madrid)?	*What was there in (Madrid)?*
Había …	*There was/were …*
muchas tiendas	*many shops*
iglesias	*churches*
muchos cafés y restaurantes	*many cafés and restaurants*
mucho tráfico	*a lot of traffic*
mucha gente	*many people*
El sábado …	*On Saturday …*
El domingo …	*On Sunday …*
Por la mañana …	*In the morning …*
Por la tarde …	*In the afternoon/evening …*
Por la noche …	*In the evening (later) …*

1 ¿Qué te duele?

Saying what's wrong

 1a **Empareja las partes del cuerpo con los nombres.**
Match up the parts of the body with the names.

a	la cabeza
b	la garganta
c	las muelas
d	los oídos
e	el estómago
f	la espalda
g	el brazo
h	la mano
i	la pierna
j	la rodilla
k	el pie
l	el dedo

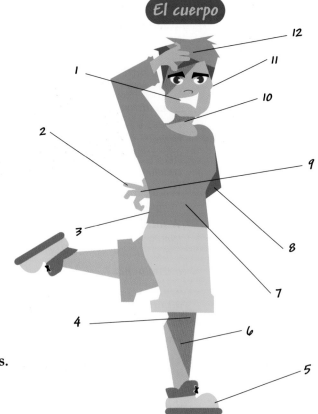

El cuerpo

 1b **Escucha y comprueba tus respuestas.**

Ejemplo: 1 – las muelas

 2a **Lee y escucha la canción. ¿Qué partes del cuerpo no se mencionan?**

Mueve tu cuerpo
Muévete, muévete.
Mueve tu cuerpo
Muévete, muévete.
(refrán)

Mueve la cabeza
Arriba, abajo.
Mueve la espalda
A la derecha, a la izquierda.
Mueve las piernas
Para adelante, para atrás.
Mueve los pies.

Mueve las manos
Arriba, abajo.
Mueve las rodillas
Para adelante, para atrás.
Mueve los brazos
El derecho, el izquierdo.
Mueve los pies.

 2b **Escucha otra vez y mueve las partes del cuerpo como indica la canción.**
Listen again and move the body parts as indicated in the song.

 2c **Dile a tu compañero/a que mueva varias partes del cuerpo.**

Ejemplo: Mueve (los brazos) (a la izquierda).

3a ¿Qué les duele a estas personas?
Escucha y elige el dibujo apropiado. (1–6)

What is wrong with these people?
Listen and chose the correct picture.

Ejemplo: 1 – f

Gramática

Doler

¿Qué **te** duele?　　*What hurts? (you, informal)*
¿Qué **le** duele?　　*What hurts? (him/her/you, formal)*

To make it clear who is in pain use the pronouns **me**,
te, **le**, **nos**, **os**, **les**.

Me duele la cabeza.　*I have a headache.*
Nos duelen los pies.　*Our feet ache.*

Remember: If one part of the body hurts you use **duele**;
if more than one part of the body hurts you use **duelen**.

Para saber más → página 131, 10.4

a

b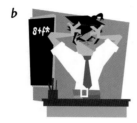

c

d

e

f

3b Con tu compañero/a, haz conversaciones con tres de las personas en **3a**.

Ejemplo: a
● ¿Qué te/le duele?
● Me duele (la garganta).

3c Escribe las respuestas de **3b**.

Ejemplo: 1 – Me duele la garganta.

4 Lee el diario de Héctor y contesta a las preguntas. Utiliza un diccionario.

1　*Why do Héctor's feet ache?*
2　*What is the result of him falling in the river?*
3　*What did he hurt when he fell off his bike?*
4　*What is the result of his horse-riding experience?*

El diario de Héctor

Hoy fui de excursión al campo. Hice senderismo y ahora me duelen mucho los pies y la espalda. Hice piragüismo en el río. Me caí al agua y ahora me duele la garganta – también me duelen los brazos. Hice ciclismo y me caí de la bici. Me duele mucho la rodilla. Monté a caballo y ahora me duelen las piernas y el trasero. Esta noche me duelen la cabeza y los oídos.

No me gusta nada el campo. ¡Prefiero la ciudad!

me caí	I fell
el trasero	rear end
senderismo	hiking

2 Me siento mal

Saying you're not feeling well
Using the verb 'tener'

 1a Escucha y escribe los dibujos en el orden correcto. (1–8)

Ejemplo: 1 – c

 ¿Qué te pasa?

Tengo tos.

Tengo una insolación.

Tengo fiebre.

 Tengo la pierna rota.

a

b

c

d

e

f

Tengo una picadura.

Tengo catarro.

g

Tengo gripe.

h

Tengo dolor de cabeza.

 1b Con tu compañero/a, pregunta y contesta.

Ejemplo:
- ¿Qué te pasa?
- Tengo (la pierna rota).

Gramática

Saying what is wrong with you

To describe certain ailments you use **tener**.

Tengo tos.   I have a cough.

To say you have a pain you can use **tengo dolor de** *instead of* **me duele(n)**.

Tengo dolor de muelas.   I have a toothache.

Or you can simply say:

Estoy enfermo/a.   I am ill.

Para saber más → página 135, 21.1

2 Empareja las frases (a–d) con los dibujos apropiados.

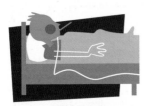

a *I don't feel well. I feel awful.*
b *I'm ill.*
c *I feel dizzy.*
d *I've got a cold.*

1 Estoy enfermo/a.

2 Estoy mareado/a.

3 Estoy constipado/a.

4 No me siento bien. Me siento mal.

3 Escucha. Copia y rellena el cuadro. (1–5)

	problem	symptoms (if any)
1	sunburn	fever and headache

4a Con tu compañero/a, haz conversaciones con las personas en **2**.

Ejemplo:
- ¿Qué tal?
- ¿Qué te pasa?

- (Estoy enfermo/a.)
- (Estoy constipado/a.) (Tengo tos) y (tengo dolor de garganta).

4b Escribe diálogos para los dibujos de **2**.

5a Lee las notas. ¿Verdad (✓) o mentira (✗)?

Estimada Srta. Martínez:
 Disculpe la ausencia de mi hija Margarita García. Está enferma. Tiene gripe. Tiene mucha fiebre y dolores en todo el cuerpo.
 Saludos atentos,
Aurora Muñoz

Francisco Cárdenas está enfermo y no puede ir al colegio esta semana. Sufrió un accidente de tráfico y tiene un brazo roto.
 Teresa Ordóñez (madre)

Estimada Srta. Grau:
 Disculpe la ausencia de Marisa Orejana. No se siente bien y no puede ir al instituto hoy. Tiene dolores fuertes de estómago.
 Saludos,
 A Orejana

a Aurora Muñoz está enferma.
b Margarita se siente mal.
c Está constipada.
d Francisco está mareado.
e Tiene una mano rota.
f Marisa se siente mal.
g Tiene dolor de cabeza.

disculpe la ausencia	*excuse the absence*

5b Corrige las frases falsas.

5c Escribe una nota similar a tu profesor/a de parte de tu madre/padre.
Write a similar note to your teacher from your mother/father.

3 En la farmacia

At the chemist.
Using the verb 'deber'

1a Escucha y repite. Pon atención a la pronunciación.

3 *una botella de jarabe para la tos*

1 *una caja de aspirinas*

2 *una caja de pastillas*

5 *un tubo de pomada*

4 *un paquete de tiritas*

6 *un tubo de crema antiséptica*

1b Escucha las conversaciones. Copia y rellena el cuadro. (1–5)

Ejemplo:

	ailment	medicine	container	size
1	tos	jarabe	botella	pequeña

¿Tiene algo para…?	la diarrea
	el dolor de estómago
	…
Este	jarabe
Esta	pomada
	crema antiséptica
Estas	aspirinas
	pastillas
	tiritas
Deme	un tubo
	una caja
	una botella
¿Grande o pequeño?	

2a Mira los dibujos. Con tu compañero/a, haz una conversación entre el/la farmacéutico/a y el/la cliente.

Ejemplo:
- ¿Tiene algo para (las picaduras)?
- (Esta crema) es muy (buena).
- Deme (un tubo).
- ¿Grande o pequeño?
- (Pequeño), por favor.

2b Escribe un diálogo para dos de los dibujos.

3a Empareja las quejas con los consejos.
Match up the complaints with the advice.

1 Me duelen las muelas.	**a** Debes tomar unas aspirinas.
2 Tengo tos.	**b** Debes ir al médico.
3 Tengo dolor de cabeza.	**c** Debes ponerte una tirita.
4 Tengo una insolación.	**d** Debes tomar este jarabe.
5 Tengo una picadura.	**e** Debes ir al dentista.
6 Estoy enfermo.	**f** Debes ir a la cama.

3b Escucha y comprueba tus respuestas.

3c Mira los dibujos y elige unas quejas. Di qué te pasa. Tu compañero/a da consejos.

Ejemplo:
- Estoy (mareado/a).
- Debe(s) (ir a la cama).

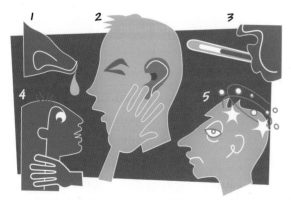

Gramática

Deber

To recommend that someone ought to or should do something use the verb **deber**.

debo	*I should*
debes	*you (informal) should*
debe	*he/she/you (formal) should*
debemos	*we should*
debéis	*you (informal) should*
deben	*they/you (formal) should*
¿Qué debo hacer?	*What should I do?*
Debes ponerte una tirita.	*You should put on a plaster.*

3d Escribe consejos para cada queja en **3c**.

Para saber más → página 135, 21.2

4 Hay que practicar mucho

Talking about how long you've been doing something
Saying what you should or shouldn't do

1 Empareja los dibujos con las frases.

Ejemplo: 1 – d

a Hace dos años que estudio español.
b Hace seis meses que llevo el pelo corto.
c Hace cinco años que juego al fútbol.
d Hace tres años que vivimos en Barcelona.
e Hace una semana que tiene el coche nuevo.

2 Escucha. ¿Cuánto tiempo hace que cada persona practica su deporte? (1–5)

Ejemplo: 1 – 10 años

3 Con tu compañero/a, pregunta y contesta.

Gramática

Hace ... que

*Use **hace** + time + **que** + verb (present tense) to say how long you have been doing something.*

¿Cuánto tiempo hace que estudias español?
How long have you been learning Spanish?

Hace dos años **que** estudio español.
I've been learning Spanish for two years.

Para saber más → página 135, 21.3

● ¿Cuánto tiempo hace que	juegas al	fútbol/baloncesto/tenis?
	estudias	español/francés?
	vives en	Wolverhampton/Londres?
	llevas el pelo	corto/largo?
● Hace un año/dos años que	juego al .../estudio .../vivo en .../llevo el pelo...	

4a **Escucha y lee.**

– ¡Hola! ¿Cómo te llamas?
– Me llamo Sergio.
– ¿Cuánto tiempo hace que patinas?
– Hace tres años.
– ¿Cómo aprendes la técnica?
– Aprendes en la calle, con los amigos. Luego hay que practicar mucho.
– ¿Qué tienes que llevar?
– Tienes que llevar ropa cómoda: pantalones anchos, una camiseta y zapatillas.
– ¿Cuántas horas a la semana debes entrenar para patinar bien?
– ¡Muchas! Para aprender 'los trucos' tienes que practicar mucho.

Gramática

Saying what you should or shouldn´t do:

Hay que …/No hay que …

Tienes que …/No tienes que … } + *verb (infinitive)*

Debes …/No debes …

Hay que practicar mucho. *You have to practise a lot.*

Tienes que llevar ropa cómoda. *You have to wear comfortable clothing.*

Debes entrenar muchas horas. *You should train for many hours.*

Para saber más → página 135, 21.2

4b **Contesta a las preguntas sobre la entrevista en 4a.**

1 *How long has Sergio been skateboarding?*
2 *Where do you learn to skateboard?*
3 *What should you wear for skateboarding?*
4 *What do you have to do to be good?*

4c **Copia y completa las frases con las palabras apropiadas.**

Ejemplo: <u>No tienes que</u> ir a clases para aprender a patinar.

a Aprendes la técnica en la calle y luego _____ practicar mucho.

b _____ llevar ropa cómoda y práctica.

c _____ llevar ropa ajustada.

d _____ llevar zapatillas.

e _____ entrenar muchas horas a la semana para patinar bien.

5 Hay que comer fruta todos los días

Talking about a healthy lifestyle
Revising the immediate future

1 **Lee las frases. ¿Estás de acuerdo o no?**

> *Ejemplo:* *Sí, estoy de acuerdo./No, no estoy de acuerdo.*

a Hay que beber dos litros de agua al día.

b Debes beber dos litros de naranjada al día.

c Tienes que comer cinco raciones de fruta o verdura al día.

d Hay que comer chocolate todos los días.

e Hay que desayunar todos los días.

f No debes cenar muy tarde.

g Debes hacer deporte tres veces a la semana.

h Debes dormir ocho horas al día.

i Hay que organizar bien los estudios.

j Debes tener tiempo libre para salir con los amigos.

k Tienes que lavarte los dientes después de comer.

estoy de acuerdo	*I agree*
no estoy de acuerdo	*I don't agree*
al día/todos los días	*every day*
a la semana	*every week*
tarde	*late*

2 **Elige cinco frases de 1. Tu compañero/a dice si está de acuerdo o no.**

Ejemplo:
- Debes desayunar.
- No, no estoy de acuerdo.

- Debes tener tiempo libre.
- Sí, estoy de acuerdo.

3 **Escribe ocho frases para dar tus opiniones sobre cómo vivir sano.**

Ejemplo:
Debes beber dos litros de agua al día. No debes comer chocolate todos los días.

4 Lee el texto y contesta a las preguntas.

a At what time of day should athletes train in summer?
b What should they drink?
c What should they eat?
d What kind of clothing should they wear?
e What differences should there be between summer and winter training?

entrenar   *to train*

CONSEJOS PARA ENTRENAR EN VERANO

1 07:00–09:00a.m.   20:00–22:00p.m
Entrenar a primera hora de la mañana o a última de la tarde.

2 Beber mucha agua antes, durante y después del entrenamiento. Complementar la hidratación con bebidas isotónicas.

3 Comer bastantes frutas, ensaladas y pescados.

4 Llevar poca ropa, transpirable y de colores claros. Usar gorra si hay mucho sol.

5 km   Invierno   Verano
Hacer menos kilómetros que en invierno.

5a Completa las frases con las palabras apropiadas.

comer
nadar
bicicleta
beber
correr
tenis

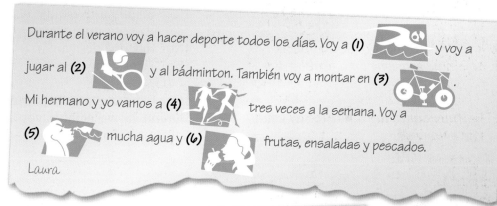

Durante el verano voy a hacer deporte todos los días. Voy a (1) [ ] y voy a jugar al (2) [ ] y al bádminton. También voy a montar en (3) [ ]. Mi hermano y yo vamos a (4) [ ] tres veces a la semana. Voy a (5) [ ] mucha agua y (6) [ ] frutas, ensaladas y pescados.

Laura

deporte
escuchar
levantarme
playa
salir

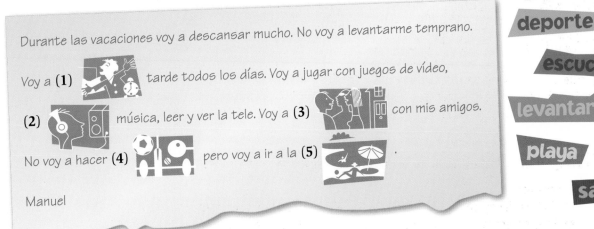

Durante las vacaciones voy a descansar mucho. No voy a levantarme temprano. Voy a (1) [ ] tarde todos los días. Voy a jugar con juegos de vídeo, (2) [ ] música, leer y ver la tele. Voy a (3) [ ] con mis amigos. No voy a hacer (4) [ ] pero voy a ir a la (5) [ ].

Manuel

5b Escribe sobre lo que vas a hacer durante el verano.

Resumen

I can ...

- *describe the parts of the body* — la cabeza/ la garganta/...

G *use the correct pronoun: me, te, le, etc. to ask and say what hurts* — ¿Qué te duele?/¿Qué le duele? Me duele(n) el pie/la pierna (los oídos).

- *ask someone what is wrong* — ¿Qué te pasa?
G *use the verb* tener *to say what is wrong with me* — Tengo una insolación.
- *ask someone how they are* — ¿Qué tal?
G *use the verb* estar *to say how I am* — Estoy enfermo/a.

- *ask for medication at the chemist's* — ¿Tiene algo para la tos? Deme un tubo de pomada.

G *use the verb* deber *to ask what I should do and to give advice* — ¿Qué debo hacer? Debe(s) tomar unas aspirinas.

- *ask how long someone has been doing something* — ¿Cuánto tiempo hace que juegas al fútbol?
- *say how long I have been doing something* — Hace un año que estudio el francés.

G *use* hay que, tienes que *and* deber *to advise someone on a healthy diet* — (No) Hay que desayunar. (No) Tienes que comer cinco raciones de fruta al día. (No) Debes llevar ropa cómoda.

G *use the immediate future to say what I am going to do* — Durante las vacaciones voy a hacer deporte. Voy a practicar la gimnasia.

Prepárate

 1a ¿Qué les duele a estas personas? Escucha y elige el dibujo apropiado.

a   b   c   d

 1b Escucha otra vez y elige el dibujo de la medicina apropiada.

e   f   g   h   i   j   k   l

 2 Elige tres dibujos en **1a** (a–d) y di a tu compañero/a lo que te pasa.

Ejemplo: Me duele …

 3 Empareja los textos (1–5) con los consejos (a–e).

1 Me duele mucho la pierna. No puedo moverla. Estoy mareado.
2 Me siento mal. Me duele la cabeza. Creo que tengo una insolación.
3 Tengo fiebre. Me duele la cabeza. Tengo dolor de garganta y tengo tos.
4 Hace una semana que me duelen las muelas. ¡Me duelen mucho!
5 Tengo picaduras en los brazos y en las piernas.

a Debes ir a la farmacia a comprar un tubo de crema antiséptica.
b Debes ir a la cama. Puedes tomar un jarabe para el tos y pastillas para la garganta.
c Tienes la pierna rota. No debes moverte. Tienes que ir al hospital.
d Puedes tomar aspirinas para el dolor pero tienes que ir al dentista.
e No debes ir a la playa. Tienes que beber mucha agua.

 4 Tus amigos te mandan estos mensajes. Escribe tus consejos.

a

Hace dos horas me caí de la bicicleta. Me duele mucho el brazo y estoy un poco mareado.

b

Tengo gripe. Tengo tos y me duele la garganta. Tengo fiebre.

1a Lee y escucha la entrevista.

Una entrevista con Joane Somarriba, campeona de ciclismo

Nombre:	Joane Somarriba
Nacionalidad:	española
Fecha de nacimiento:	1974
Deporte:	el ciclismo
Triunfos:	ganadora del Tour de Francia femenino en 2000 y del Giro de Italia en 1999 y en 2000

¡Listos!: ¡Hola, Joane! ¿Cuánto tiempo hace que practicas el ciclismo?

Joane: ¡Hace veinte años! Empecé cuando tenía ocho años.

¡Listos!: Tuviste un accidente en la bicicleta, ¿verdad?

Joane: Sí, en 1991 tuve una caída. Tuve una lesión en la espalda. Pensé en dejar el ciclismo.

¡Listos!: ¿Cómo volviste al deporte?

Joane: Me ayudó un chico a quien conocía que también era ciclista profesional.

Se llamaba Ramón González Arrieta.

¡Listos!: ¿Te recuperaste del accidente?

Joane: Sí.

¡Listos!: Y luego, ¿qué pasó?

Joane: ¡Me casé con Ramón! Y también volví a entrenar y a competir.

¡Listos!: Una historia feliz.

Joane: Eso es.

¡Listos!: ¿Cómo es la vida de una ciclista profesional?

Joane: Es una vida dura porque tienes que entrenar muchas horas y todos los días, pero en fin estoy contenta porque hago un deporte que me encanta.

la caída	*fall*	duro/a	*hard*
la campeona	*champion*	la lesión	*injury*
la carrera	*race*	me casé	*I got married*
dejar	*to leave*	volver a	*to return to*

1b **Contesta a las preguntas.**

Ejemplo: 1 – *Joane Somarriba es campeona de ciclismo.*

1 ¿Quién es Joane Somarriba?
2 ¿Qué nacionalidad tiene?
3 ¿Cuántos años tiene?
4 ¿Cuál es su deporte?
5 ¿Qué carreras importantes ganó en 2000?
6 ¿Cuánto tiempo hace que practica el ciclismo?
7 ¿A qué edad empezó a correr en bicicleta?
8 ¿Qué le pasó a Joane en 1991?
9 ¿Quién la ayudó?
10 ¿Cómo es la vida de una ciclista profesional?
11 ¿Qué no le gusta a Joane de ser ciclista profesional?
12 ¿Qué le gusta?

2 **Escucha la entrevista con otro ciclista profesional y contesta a las preguntas.**

1 *Where is Óscar Sevilla from?*
2 *How long has he been cycling?*
3 *In which three countries did he compete this year?*
4 *What does Óscar say you need to do to be a good cyclist?*
5 *What is his ambition?*

3a **Con tu compañero/a, contesta a las preguntas.**

● ¿Qué deporte practicas?
● Practico el/la …/Juego al…
● ¿Cuánto tiempo hace que (practicas la gimnasia/ juegas al baloncesto)?
● Hace … años que (practico el/la…/juego al …).
● ¿En qué (carreras/partidos) competiste este año?
● Competí en (la carrera/las carreras/el partido/los partidos) de …
● ¿Cuántas horas a la semana tienes que entrenar?
● Tengo que entrenar … horas.
● ¿Cuál es tu ambición para el futuro?
● En el futuro quiero ganar …/participar en …

3b **Escribe la entrevista de 3a.**

Palabras

Las partes del cuerpo

Mueve …
la cabeza
la garganta
la espalda
la mano
la pierna
la rodilla
las muelas
el estómago
el brazo
el pie
el dedo
los oídos
a la izquierda
a la derecha
¿Qué te duele?
¿Qué le duele?
Me duele el/la …
Me duelen los/las …
Nos duele(n) los/las…

Parts of the body

Move …
head
throat
back
hand
leg
knee
back teeth
stomach
arm
foot
finger/toe
the ears
to the left
to the right
What hurts?
What's hurting him/her?
My … hurts.
My … hurt.
Our … hurts.

Me siento mal

¿Qué te pasa?
Tengo una insolación.
Tengo la pierna rota.
Tengo tos.
Tengo fiebre.
Tengo una picadura.
Tengo catarro.
Tengo gripe.
Tengo dolor de cabeza.
¿Qué tal?
Estoy enfermo/a.
Estoy mareado/a.
Estoy constipado/a.
No me siento bien.
Me siento mal.

I don't feel well

What's wrong?
I have sunstroke.
I have a broken leg.
I have a cough.
I have a temperature.
I've been bitten.
I have a cold.
I have the flu.
I have a headache.
How are you?
I'm ill.
I feel sick/dizzy.
I've got a cold.
I don't feel well.
I feel awful.

En la farmacia

¿Tiene algo para …?

la diarrea
el dolor de estómago
las picaduras
Este …
jarabe
Esta …
pomada
crema antiséptica
Estas …
aspirinas
pastillas
tiritas
Deme …
un tubo de pomada
un tubo de crema
    antiséptica
una caja de aspirinas
una caja de pastillas
una botella de jarabe
    para la tos
un paquete de tiritas
¿Grande o pequeño/a?

¿Qué debo hacer?
Debe(s) …
tomar unas aspirinas
tomar este jarabe
ponerte una tirita
ir al médico
ir al dentista
ir a la cama

At the chemist's

Do you have anything
    for …?

diarrhoea
a stomach ache
bites
This …
syrup
This …
ointment
antiseptic cream
These …
aspirins
tablets
plasters
Give me …
a tube of cream
a tube of antiseptic
    cream
a box of aspirin
a box of tablets
a bottle of cough syrup

a packet of plasters
Large or small?

What should I do?
You should …
take some aspirin
take this syrup
put on a plaster
go to the doctor
go to the dentist
go to bed

¿Cuánto tiempo hace que …?	*How long have you been …?*	Voy a …	*I am going to …*
juegas al …	*playing …*	Durante …	*During …*
fútbol	*football*	las vacaciones	*the holidays*
baloncesto	*basketball*	el verano	*the summer*
tenis	*tennis*	voy a …	*I am going to …*
estudias …	*studying …*	hacer deporte	*do sports*
español	*Spanish*	jugar al tenis	*play tennis*
francés	*French*	jugar al bádminton	*play badminton*
vives en …	*living in …*	montar en bicicleta	*go cycling*
llevas el pelo …	*had … hair.*	correr	*run*
corto	*short*	beber mucha agua	*drink a lot of water*
largo	*long*	comer frutas	*eat fruit*
Hace … que …	*It's been … since …*	descansar	*relax/rest*
un año	*a year*	levantarme temprano	*get up early*
dos años	*two years*	levantarme tarde	*get up late*
una semana	*a week*	jugar juegos de vídeo	*play video games*
juego a …	*I've been playing …*	escuchar música	*listen to music*
estudio …	*I've been studying …*	leer	*read*
vivo en …	*I've been living …*	ver la tele	*watch TV*
llevo el pelo …	*I've had my hair …*	salir con mis amigos	*go out with my friends*
(No) Hay que …	*You (don't) have to …*	ir a la playa	*go to the beach*
desayunar	*have breakfast*	al día	*a day*
(No)Tienes que …	*You (don't) have to …*	todos los días	*every day*
comer cinco raciones de fruta y verduras	*eat five portions of fruit and vegetables*	a la semana	*a week*
lavarte los dientes después de comer	*clean your teeth after eating*	¿Qué deporte practicas?	*What sport do you do?*
(No) Debes …	*You should(n't) …*	Practico el …	*I do …*
practicar mucho	*practise a lot*	Juego al …	*I play …*
llevar ropa cómoda	*wear comfortable clothes*		
entrenar muchas horas	*train for hours*		
tener tiempo libre	*have free time*		
hacer deporte	*do sports*		
dormir ocho horas al día	*sleep eight hours a day*		
cenar muy tarde	*have dinner very late*		
Estoy de acuerdo.	*I agree.*		
No estoy de acuerdo.	*I don't agree.*		

Te toca a ti A

1a Escribe una frase para cada dibujo. Elige los verbos de la lista.

Ejemplo: 1 – *Se levanta a las seis y media.*

1  `06:30`

2  `06:45`

3  `07:15`

4  `14:00`

5  `16:20`

6 `18:40`

7  `21:10`

8  `23:00`

acostarse
ver
desayunar
jugar
levantarse
hacer
comer
llegar

1b Escribe frases similares sobre tu rutina.

Ejemplo: (Me levanto) a (las siete).

2 Empareja las dos partes de las frases.

Ejemplo: 1 – d

1 Éste es	**a**	comprar regalos para mi familia.
2 Ésta es	**b**	una toalla.
3 Me hace falta	**c**	trabajadora.
4 ¿Necesitas	**d**	mi hermano.
5 Voy a	**e**	práctico.
6 Es bastante	**f**	ducharte?
7 Eugenia es muy	**g**	mi abuela.
8 Juan toca la guitarra	**h**	tus padres?
9 Dolores es más	**i**	alta que Montse.
10 ¿De dónde son	**j**	muy mal.

Te toca a ti B

1a **Lee la ficha. ¿Verdad (✓) o mentira (✗)?**

1 Antonio Banderas lives in Spain and the U.S.
2 His birthday is 10th August.
3 He was born near Málaga.
4 He is American.
5 He went to art school.
6 He was an engineer.
7 He has only made four films.
8 He has starred with Madonna and Catherine Zeta-Jones.

Nombres:	José Antonio
Apellidos:	Domínguez Banderas
Profesión:	actor
País de domicilio:	Estados Unidos y España
Fecha de nacimiento:	10 de agosto de 1960
Lugar de nacimiento:	Benalmádena, un pueblo cerca de Málaga, en España
Nacionalidad:	español
Educación:	Escuela de Arte Dramático en Málaga
Cualidades:	ingenioso e imaginativo
Algunas de sus películas:	El Zorro, Evita, Los tres mariachis, Spy Kids
Algunas coprotagonistas:	Madonna, Catherine Zeta-Jones, Angelina Jolie, Salma Hayek

1b **Escribe una ficha similar sobre otra persona famosa.**

2 **Lee el test y elige las frases que te corresponden. Después suma el total de respuestas A y B y lee tus resultados.**

¿Eres estudioso o veraneante?

1 Me encanta salir con mis amigos.	**B**	
2 Soy muy diferente de los otros alumnos en el instituto.	**B**	
3 Me aburro durante las vacaciones porque son muy largas.	**A**	
4 Mis vacaciones siempre son fantásticas.	**B**	
5 Mis amigos van a otro instituto.	**B**	
6 Soy popular en el instituto.	**A**	
7 En clase siempre me siento junto a mis amigos.	**A**	

8 No me gusta hacer los deberes.	**B**
9 No me gusta comer en el instituto.	**B**
10 Para mí es importante sacar buenas notas.	**A**
11 Mis profesores piensan que soy rebelde.	**B**
12 Me gusta leer.	**A**
13 En el futuro quiero tener un buen trabajo.	**A**
14 Nunca llego tarde al instituto.	**A**

estudioso

veraneante

Mayoría B: Para ti dos cosas son importantes en el instituto: el recreo y la hora de ir a casa. Eres un veraneante.

Mayoría A: Eres muy estudioso. Eres ambicioso y estás dispuesto a trabajar para tener un futuro próspero.

Mitad A mitad B: Tienes un buen equilibrio entre estudiar y divertirte con tus amigos. El instituto para ti también es una oportunidad para ver a tus amigos y ser sociable.

rebelde	rebellious
dispuesto	prepared
veraneante	someone who loves holidays

Módulo 2
LA COMIDA

Te toca a ti A

1a **Empareja los números.**

1	setecientos cuarenta y nueve	**a**	822
2	ochocientos veintidós	**b**	212
3	mil cuatrocientos noventa y ocho	**c**	665
4	ciento noventa y uno	**d**	574
5	tres mil doscientos treinta y siete	**e**	191
6	novecientos cincuenta y tres	**f**	3237
7	quinientas setenta y cuatro	**g**	1498
8	cincuenta y seis	**h**	56
9	seiscientas sesenta y cinco	**i**	953
10	doscientas doce	**j**	749

1b **Escribe los números en palabras.**

a 357
b 579
c 114
d 726
e 1489
f 2636
g 246
h 891

2a **Pon las frases en el orden correcto.**

Ejemplo: e, f, …

a No, nada más. La cuenta, por favor.
b ¿Algo más?
c ¿Qué van a beber?
d Y para mí, calamares.
e ¿Qué van a tomar?
f Para mí, patatas bravas.
g En seguida.
h Un agua sin gas para mí, y para ella, una cerveza.

2b **Escribe una conversación similar entre un(a) camarero/a y dos clientes.**

Te toca a ti B

1a **Empareja los dibujos con las descripciones.**

1 El batido es una bebida internacional pero algunos sabores son más hispanos que otros. El chocolate, la vainilla y el plátano son todos ingredientes que se encuentran en Latinoamérica.

2 El café es un producto muy importante de varios países de Latinoamérica como, por ejemplo, Colombia, Cuba, Costa Rica y Nicaragua.

3 El chorizo es una salchicha picante y muy rica de origen español.

4 El gazpacho es una sopa fría de Andalucía, una región donde hace mucho calor. La sopa contiene tomate, cebolla, pepino y pimiento. Es deliciosa y refrescante.

5 El granizado también es refrescante. Es una bebida con sabor a limón o café, hecho con hielo machacado.

6 La paella es un plato típico de la región de Valencia en la costa este de España. Contiene arroz y mariscos.

7 La patata es de origen suramericano, de los Andes. En Latinoamérica se llama 'papa'. Los españoles la introdujeron a otras partes del mundo.

8 La tortilla es un plato básico de la cocina española y mexicana. Pero se hace de una manera diferente y con ingredientes diferentes. En España se hace de huevos y patatas y en México se hace de maíz.

1b **Contesta a las preguntas.**

| introdujeron | *introduced* |

1 *What milkshake flavours are particularly Hispanic?*
2 *In which Latin American countries is coffee produced?*
3 *What is chorizo?*
4 *How is gazpacho served?*
5 *What is granizado made with?*
6 *What part of Spain does paella come from?*
7 *What are potatoes known as in Latin America?*
8 *Who introduced them to the rest of the world?*
9 *What are tortillas made with in Spain?*
10 *What are tortillas made with in Mexico?*

1c **Escribe una descripción de dos de tus platos o bebidas favoritos.**

Te toca a ti A

1 Une las dos partes de las frases y emparéjalas con los dibujos.

Ejemplo: 1 – f – 5

1 ¿Qué talla   **a** probar?
2 ¿Qué número   **b** cuesta?
3 ¿De qué color   **c** usas?
4 ¿Me la puedo   **d** comprar unas botas?
5 Me la   **e** quiere la camiseta?
6 ¿Cuánto   **f** tienes?
7 ¿Dónde puedo   **g** llevo.

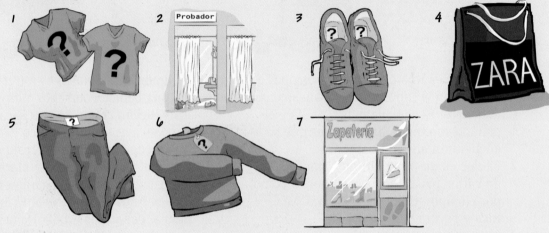

2 Mira los dibujos. Lee y completa la descripción.

1
Para ir a la discoteca voy a llevar unos **(a)** _____ anchos, una **(b)** _____ con capucha y unas zapatillas **(c)** _____ blancas.

2
Para ir a la boda voy a ponerme un traje **(a)** _____ , una camisa **(b)** _____ y una **(c)** _____ roja.

3
Para ir a la playa voy a llevar unos pantalones **(a)** _____ , una **(b)** _____ estampada y unas **(c)** _____ de cuero.

4
Para ir a la fiesta voy a llevar una **(a)** _____ corta, un **(b)** _____ ajustado y unos **(c)** _____ de tacón alto.

5
Para ir a esquiar me voy a poner un **(a)** _____ de lana, unas **(b)** _____ marrones y unas **(c)** _____ de sol.

6
Para ir al instituto me voy a poner unos **(a)** _____ azules, una **(b)** _____ a cuadros y unos zapatos **(c)** _____ .

Te toca a ti B

1 **Mira esta página de la tienda de la Casa Moda on-line. Contesta a las preguntas.**

1 ¿De qué color son los pantalones?
2 ¿Cómo son?
3 ¿Con qué otras prendas puedes combinar los pantalones?
4 ¿Cuánto cuestan los pantalones?
5 ¿Qué prendas hay en la bolsa de compra?

6 ¿De qué talla es la falda?
7 ¿De qué talla es la camisa: grande, mediana o pequeña?
8 ¿De qué color es la gorra?
9 ¿Cuánto cuesta la falda?
10 ¿Cuánto es el precio total?

La Casa Moda.com

¡La Casa Moda!
lacasamoda.com ● ● ● ● ●

ESTILO	PRENDA	COLOR	PRECIO
Todos	Pantalones	Todos	Todos

Combínalo con …

PANTALON

Precio 30 euros

| 34 | 36 | 38 | 40 | 42 | 44 | | | |

Composition
Lavado

PROBADOR ▲

AÑADIR AL PROBADOR   AÑADIR A LA BOLSA

FALDA
24 **euros**
Color **rojo**
Talla 38

CAMISA
48 **euros**
Color **tejano claro**
Talla **M**

GORRA
15 **euros**
Color **verde**
Talla **U**

TOTAL   87.00 **euros**

COMPRAR

prendas   *items of clothing*

2 **Mira los dibujos y elige uno de cada par. Escribe cuál prefieres y por qué.**
Look at the pictures and choose one from each pair. Note which one you prefer and why.

Ejemplo: Prefiero éste porque es más práctico.

1 ¿Cuál prefieres, este gorro de lana o ése?
_____ porque _____

2 ¿Prefieres esta camiseta o ésa?
_____ porque _____

3 ¿Te gustan más estos vaqueros o ésos?
_____ porque _____

4 ¿Te gustan estas zapatillas o ésas?
_____ porque _____

Te toca a ti A

1 ¿Qué hay de interés? Lee los textos y escribe las letras de los dibujos.

Ejemplo: Alicante: g, a, …

Alicante es una ciudad al lado del mar. Tiene un puerto, playas estupendas y paseos marítimos agradables. En el centro de la ciudad hay centros comerciales, restaurantes, museos y monumentos históricos. Cerca de Alicante hay campos de golf y un parque temático que se llama Terra Mítica.

Si te gusta la vida nocturna y las tiendas elegantes, **Puerto Banus** es el lugar ideal para tus vacaciones. Hay discotecas donde se puede bailar toda la noche. Hay restaurantes y tiendas de ropa. También hay playas excelentes.

Ronda es una ciudad pequeña, histórica y muy bella. Está en las montañas. Tiene una plaza de toros antigua y preciosa y numerosos edificios y monumentos de interés. Hay también restaurantes de primera calidad.

de primera calidad	*first rate*
agradables	*pleasant*

2 Lee las entrevistas y elige el lugar ideal de vacaciones de 1 para cada persona.

1
- ¿Para las vacaciones prefieres el campo o la costa?
- Prefiero el campo o la sierra.
- ¿Y qué haces?
- Pues, voy de paseo. Saco fotos. Visito monumentos históricos.

2
- ¿Cómo son tus vacaciones ideales?
- Pues, por la mañana descanso. Por la tarde voy a la playa. Tomo el sol y me baño en el mar. Por la tarde voy de paseo y voy a discotecas.

3
- ¿Adónde vas de vacaciones normalmente?
- Voy a la costa.
- ¿Y qué haces?
- Tomo el sol. Me baño en el mar. A veces hago surfing.

3 Contesta a las preguntas y describe tus vacaciones.

- ¿Adónde vas de vacaciones normalmente?
- ¿Cómo vas?
- ¿Qué haces?

- Normalmente voy a …
- Voy en …
- …

EL TURISMO

Te toca a ti B

 1 **Empareja los textos con los dibujos.**

1 En abril fui de vacaciones con mi madre y mi hermana. Fuimos a Cuba. Fuimos en avión y viajamos en primera clase. Nos alojamos en un hotel estupendo en la costa. Me bañé en el mar y en la piscina. Visité La Habana y saqué muchas fotos. Lo pasé fenomenal.

Guillermo

2 El fin de semana pasado fui de excursión al campo con mis amigos. Fuimos en tren. Durante el viaje toqué mi guitarra y todos cantamos. Nos alojamos en un camping. Por la mañana visitamos un castillo muy antiguo y por la tarde fuimos al río a bañarnos. Cenamos salchichas riquísimas y mucho pan. Lo pasé muy bien. Llegué a casa el domingo por la tarde muy cansada.

Susa

| riquísimas | *delicious* |

3 Fui a París con mis padres. Fuimos en coche y en ferry. Nos alojamos en un hotel en el centro de la ciudad. Visitamos los museos y los monumentos históricos. Compré un jersey precioso. Cenamos en un restaurante elegante. Lo pasamos bomba.

Max

a
b
c

 2 **Escribe frases sobre el viaje de cada persona.**

	¿Adónde fue?	¿Con quién fue?	¿Cómo fueron?	¿Dónde se alojaron?	¿Qué visitaron?	¿Qué tal lo pasó?
Guillermo	Fue a Cuba.		Fueron en avión.			
Susa						
Max						

3 **Escribe sobre tu viaje.**

- ¿Adónde fuiste?
- ¿Con quién?
- ¿Cómo fuiste?
- ¿Dónde te alojaste?
- ¿Qué visitaste?
- ¿Qué tal lo pasaste?

ciento diecinueve **119**

Te toca a ti A

¡DIVIÉRTETE!

1 Elige una frase para cada dibujo.

¿Quieres ir …

1 al club de jóvenes?
2 a la bolera?
3 a la pista de hielo conmigo?

4 al parque de atracciones?
5 al cine conmigo?

2 Pon la conversación en el orden correcto.

a Una entrada, por favor. (**1**)
b Para *La Guerra de las Galaxias*.
c Para la sesión de las ocho y media.
d ¿Cuánto es?
e ¿Qué pantalla es?
f Gracias.

g Son 5 euros.
h De nada.
i Es la pantalla tres.
j ¿Para qué película? (**2**)
k Aquí tiene.
l ¿Para qué sesión?

3 Elige una frase para cada dibujo.

1 No me gustan las películas románticas.
2 Prefiero las películas de acción.
3 Me encantan los dibujos animados.
4 Odio las películas cómicas.
5 No me gustan las películas de terror.
6 Me gustan mucho las películas de ciencia-ficción.

4 Emplea las palabras del cuadro para escribir tus opiniones sobre las películas.

Ejemplo: *Me gustan las películas de acción porque son emocionantes.*

interesantes	graciosas
inteligentes	infantiles
divertidas	aburridas
animadas	emocionantes
tontas	

Te toca a ti B

1 Escribe cinco frases del cuadro para describir cada dibujo.

a

b

2 Lee el diario de Juan y contesta a las preguntas.

a *What did Juan do on Saturday evening?*
b *Did Juan enjoy the evening? Why?*
c *How did the trip on Sunday morning go?*
d *Did things improve in the afternoon? Why?*
e *What did Juan do on Monday?*
f *Why didn´t he go to school?*

Es	verano
	invierno
Hace	buen tiempo
	mal tiempo
	calor
	frío
Hay No hay	mucha gente
Es	aburrido
	genial

El sábado

Por la tarde fui al cine con Carlos y Maite. Fuimos a la sesión de las 6.30 y no había mucha gente. Vimos la nueva película de James Bond. A mí me encantan las películas de acción. Comí un helado y bebí una limonada. Lo pasé fenomenal.

El domingo

Por la mañana fui con mis padres al campo. Salimos de casa temprano. Fuimos en coche. Hacía mal tiempo. Hacía frío. Lo pasé mal. Por la tarde fuimos a un restaurante. Comí un bifstek con patatas fritas y bebí una Coca-Cola. ¡Mucho mejor!

El lunes

No fui al instituto. Me desperté muy tarde. Tomé el desayuno a mediodía. No salí de casa porque hacía mal tiempo. Leí el periódico y una revista. Vi una película cómica en la televisión y comí chocolate. ¡Qué bien! ¡Me encantan las vacaciones!

3 Escribe tu diario para el fin de semana pasado.

Ejemplo: Fui …
          Salí …
          Vi …
          Leí …
          Comí …

Bebí …
Hacía …/ No hacía …
Había …/ No había …

Te toca a ti A

1 Marisa fue a la playa y ahora se siente mal. Lee el texto y contesta a las preguntas.

El domingo fui a la playa. Hacía buen tiempo. Hacía sol y hacía mucho calor. Hice windsurf, me bañé en el mar y jugué al voleibol. Comí una paella estupenda en un restaurante al lado de la playa. Pero hoy me siento fatal. Me duele la cabeza. Tengo diarrea y tengo ganas de vomitar. Estoy mareada. Me duelen las piernas y la espalda. Creo que tengo una insolación.

a Where did Marisa go on Sunday?
b What was the weather like?
c What did she do?
d Does she feel OK today?

e What are her symptoms?
f What does she think is wrong with her?
g Do you think her self-diagnosis is correct? Why?

2 Escribe frases para ti empleando verbos del cuadro.

Hace	(un) año	que	vivo en	Cambridge
	(dos) años		estudio	español
	(tres) años		toco	la guitarra
			juego	al fútbol
			practico	la gimnasia
			me duele(n)	las muelas

Te toca a ti B

1 Empareja las frases con los dibujos.

1 Tengo tos.
2 Tengo fiebre.
3 Tengo la pierna rota.

4 Tengo una picadura.
5 Tengo una insolación.

6 Estoy mareado.
7 Tengo gripe.

2 Empareja los textos a–e con los textos 1–5.

a Ayer lo pasé muy bien y estuve todo el día en la playa. Pero hoy me siento muy mal. Me duele mucho la cabeza y estoy mareado. También tengo fiebre.

b Tengo una picadura en el brazo. Me duele bastante.

c Hace una semana que me siento mal. Estoy resfriado. Tengo tos y tengo fiebre. Me duele la cabeza. Me duele la espalda. Me duele todo el cuerpo.

d Me duele mucho la pierna y no puedo moverla. Estoy un poco mareado.

e Me duele el estómago. Tengo ganas de vomitar. Tengo diarrea.

1 Tienes gripe. Debes tomar aspirinas para la fiebre y jarabe para el tos. Hay que beber agua y zumo de fruta. Debes quedarte en casa y descansar.

2 Debes ir a la farmacia y pedir crema para poner en la picadura.

3 No debes comer. Debes beber agua.

4 Es muy probable que tienes la pierna rota. No debes andar. Tienes que ir al hospital.

5 Tienes una insolación. Tienes que beber mucha agua y no debes estar al sol. Tienes que quedarte en casa.

3a Tus amigos están enfermos en España pero no hablan español. Escríbeles unas frases para decir al médico.

Ejemplo: Me siento mal. Me duele la ... y tengo ....

 a   **b**   **c**

3b Escribe consejos para cada persona en **3a** (a–c).

Ejemplo: Debes (tomar aspirinas).
Hay que (beber agua).

No debes (comer).
Tienes que (quedarte en casa).

Gramática

1 Nouns

Nouns in Spanish are either masculine or feminine:

Masculine	**Feminine**
plato *plate, dish*	manzana *apple*

Add an **s** to make nouns plural in most cases:

platos	manzanas

For nouns that end in a consonant, add **es** to make the plural:

Singular	**Plural**
país *country*	país**es** *countries*
ciudad *city*	ciudad**es** *cities*

Some words gain or lose an accent in the plural:

canción *song*	canciones *songs*
dirección *address*	direcciones *addresses, direction*

Words ending in **z** in the singular change the **z** to a **c** then add **es** for the plural:

lápiz *pencil*	lápices *pencils*

Compound nouns are made up of two words put together. They are masculine and do not change to become plural:

el cumpleaños *birthday*	los cumpleaños *birthdays*

Some nouns are always plural:
los deberes *homework*
las gafas de sol *sunglasses*

Write the plural of these words.

1 regalo (gift)
2 carta (letter)
3 viaje (journey)
4 invitación (invitation)
5 pez (fish)
6 región (region)
7 lugar (place)

Some nouns have masculine and feminine forms:

el primo *male cousin*   la prima *female cousin*
el tío *uncle*   la tía *aunt*
el abuelo *grandfather*   la abuela *grandmother*

But when these are a mixed group, they always take the masculine plural:

los primos *cousins*
los tíos *uncles and aunts*
los abuelos *grandparents*

2 Articles

2.1 Definite articles

The word for 'the' changes according to whether the noun is masculine (m), feminine (f) or plural (pl):

m. singular   *m. plural*
el vestido *dress*   **los** vestidos *dresses*

f. singular   *f. plural*
la camisa *shirt*   **las** camisas *shirts*

2.2 Indefinite articles

Similarly, the words for 'a', 'an' and 'some' change:

m. singular   *m. plural*
un huevo *an egg*   **unos** huevos *some eggs*

f. singular   *f. plural*
una manzana   **unas** manzanas
  an apple   *some apples*

Sometimes the article is not needed in Spanish:

No tengo hermanos.
I haven't got any brothers or sisters.
Mi madre es profesora.
My mother is a teacher.

3 Pronunciation

The Spanish alphabet:

a ah
b beh
c theh
ch cheh
d deh
e eh
f efeh
g heh
h acheh
i ee
j hota
k kah
l eleh
ll elyeh
m emeh
n eneh
ñ eñyeh
o oh
p peh
q cuh
r ere
rr erre
s eseh
t teh
u uuh
v uuveh
w uuveh dobleh
x ekis
y ee griegah
z theta

ch and **ll** are no longer treated as separate letters in the Spanish alphabet, although you may see them in older dictionaries.

In Spanish, most words are written as they are pronounced. Here are some points to help you:

c and z
c + e = (th)   **ce**ro, on**ce**
c + i = (th)   **ci**nco, gra**ci**as
z + a, o, u = (th)   **za**pato, cora**z**ón, a**z**ul
c + a = (ka)   **ca**sa, **ca**torce
c + o = (ko)   **có**mo, **co**lor
c + u = (ku)   **Cu**ba, **cu**bano

h

h is always silent in Spanish:

h**ablo**   h**elado**   ¡h**ola!**   h**uevo**

j and **g**
j is always pronounced at the back of the throat as in words like:

jamón   naran**j**a   tar**j**eta   **j**ersey

g is pronounced like **j** when it comes before **e** and **i**:

gemelas   **Gi**braltar

But **g** + **a**, **o**, **u** is a sound like the g in good:

gambas   **go**rra   a**gu**a

4   Numbers

4.1 Cardinal numbers

The number one and other numbers ending in **uno** or **cientos** agree with the noun they describe. Other numbers do not agree:

Tengo **un** gato y seis peces.
Tengo dos hermanos y **una** hermana.

Mi hermano tiene veinti**ún** años.
Mi padre tiene cuarenta y **un** años.

0	cero
1	uno (m) una (f)
2	dos
3	tres
4	cuatro
5	cinco
6	seis
7	siete
8	ocho
9	nueve
10	diez
11	once
12	doce
13	trece
14	catorce
15	quince
16	dieciséis
17	diecisiete
18	dieciocho
19	diecinueve
20	veinte

21	veintiuno (veintiuna)
22	veintidós
23	veintitrés
24	veinticuatro
25	veinticinco
26	veintiséis
27	veintisiete
28	veintiocho
29	veintinueve
30	treinta
31	treinta y uno (treinta y una)
32	treinta y dos
40	cuarenta
50	cincuenta
60	sesenta
70	setenta
80	ochenta
90	noventa
100	cien, ciento
101	ciento uno (ciento una)
102	ciento dos
110	ciento diez
125	ciento veinticinco
136	ciento treinta y seis
200	doscientos (m) doscientas (f)
300	trescientos (m) trescientas (f)
400	cuatrocientos (m) cuatrocientas (f)
500	quinientos (m) quinientas (f)
600	seiscientos (m) seiscientas (f)
700	setecientos (m) setecientas (f)
800	ochocientos (m) ochocientas (f)
900	novecientos (m) novecientas (f)
1000	mil
1002	mil dos
2000	dos mil
5000	cinco mil
10000	diez mil

The numbers **uno** (1) and **ciento** (100) have shortened forms before nouns:

Mi hermano mayor tiene veintiún años.
Gané cien libras en la lotería.
Los pantalones cuestan cien euros.

But **ciento** is used where another number follows:

Los zapatos cuestan ciento diez euros.

From 200 (**doscientos**) up to 900 (**novecientos**) inclusive, the numbers change according to the noun they are describing:

En este instituto hay doscientas cincuenta chicas y trescientos chicos.

> **Match the numerals with the words.**
>
> | | | | |
> |---|---|---|---|
> | **1** 99 | | **a** | dos mil dos |
> | **2** 107 | | **b** | quinientos cincuenta |
> | **3** 111 | | **c** | mil novecientos noventa y nueve |
> | **4** 120 | | **d** | noventa y nueve |
> | **5** 550 | | **e** | ciento siete |
> | **6** 1999 | | **f** | dos mil tres |
> | **7** 2002 | | **g** | ciento once |
> | **8** 2003 | | **h** | ciento veinte |

4.2 Ordinal numbers

first   1° el primero (m)   1ª la primera (f)

1º/ª primero/a
2º/ª segundo/a
3º/ª tercero/a
4º/ª cuarto/a
5º/ª quinto/a
6º/ª sexto/a
7º/ª séptimo/a
8º/ª octavo/a
9º/ª noveno/a
10º/ª décimo/a

Primero becomes **primer** before a masculine noun:

En el primer piso hay tres dormitorios y un cuarto de baño.

Primera does not change:

Toma la primera (calle) a la derecha.
Toma la segunda (calle) a la izquierda.
Toma la tercera (calle) a la derecha.

5   Dates

el primero de mayo *May 1st*
el dos de mayo *May 2nd*
el tres de mayo *May 3rd*

> **Write the dates of your family and friends' birthdays.**
>
> El cumpleaños de (mi padre/madre/hermano/ hermana/abuelo/abuela) es (el 13 de enero).

6   The calendar

Months and days do not start with capital letters in Spanish.

6.1 Months of the year

enero, febrero, marzo, abril, mayo, junio, julio, agosto, septiembre, octubre, noviembre, diciembre

6.2 Days of the week

lunes, martes, miércoles, jueves, viernes, sábado, domingo

6.3 Seasons

la primavera	*spring*
el verano	*summer*
el otoño	*autumn*
el invierno	*winter*

6.4 Years

1999 mil novecientos noventa y nueve
2000 dos mil
2003 dos mil tres
2004 dos mil cuatro

6.5 Talking about frequency

una vez a la semana	*once a week*
dos veces al mes	*twice a month*
tres veces al día	*three times a day*

> **Complete these sentences to say how often you do each activity.**
>
> 1 Me ducho …
> 2 Me lavo el pelo …
> 3 Me lavo los dientes …
> 4 Practico deporte …
> 5 Hablo por teléfono con mi mejor amigo/amiga …
> 6 Voy al cine …

Gramática

7 Adjectives

7.1 Agreement of adjectives

Adjectives agree with the noun they describe, so they have masculine, feminine and plural forms too:

m. singular	m. plural
pequeño *small*	pequeños
un paquete pequeño	unos paquetes pequeños

f. singular	f. plural
pequeña	pequeñas
una botella pequeña	unas botellas pequeñas

They add an **s** to become plural, as you can see in the examples above. Many adjectives end in **o** for the masculine form and **a** for the feminine, but there are some exceptions, for example:

m. and f. singular	m. and f. plural
fácil *easy*	fáciles
difícil *difficult*	difíciles
interesante *interesting*	interesantes
hablador/a *talkative*	habladores/habladoras

Colours agree with the noun they describe:

m. singular	m. plural
amarillo *yellow*	amarillos
azul *blue*	azules
blanco *white*	blancos
gris *grey*	grises
marrón *brown*	marrones
negro *black*	negros
rojo *red*	rojos
verde *green*	verdes

f. singular	f. plural
amarilla *yellow*	amarillas
azul *blue*	azules
blanca *white*	blancas
gris *grey*	grises
marrón *brown*	marrones
negra *black*	negras
roja *red*	rojas
verde *green*	verdes

Some are invariable and do not change:

naranja *orange*	rosa *pink*

Match up the two halves of each sentence.

1 Tengo los ojos   a blanca.
2 Mi gato es   b amarillas.
3 Las paredes de mi dormitorio son   c blanco y negro.
4 La alfombra es   d marrones.

When you use another adjective with a colour, both the colour and the additional adjective stay in the masculine singular:

una chaqueta azul marin**o**
a navy blue jacket
unos zapatos marr**ón** clar**o**
light brown shoes
una falda roj**o** oscur**o**
a dark red skirt
una camiseta verde clar**o**
a pale green T-shirt
una sudadera con capucha gris oscur**o**
a dark grey hooded-sweatshirt

Make a list of items of clothing or footwear that you have, including the colours.

Tengo un jersey rojo oscuro, tengo unas zapatillas azul claro, …

Nationalities are adjectives and agree with the person they describe:

m. singular	m. plural
australiano	australianos
británico	británicos
canadiense	canadienses
escocés	escoceses
español	españoles
estadounidense	estadounidenses
galés	galeses
indio	indios
inglés	ingleses
irlandés	irlandeses
jamaicano	jamaicanos
mexicano	mexicanos
nigeriano	nigerianos
paquistaní	paquistaníes

f. singular	f. plural
australiana	australianas
británica	británicas

canadiense	canadienses
escocesa	escocesas
española	españolas
estadounidense	estadounidenses
galesa	galesas
india	indias
inglesa	inglesas
irlandesa	irlandesas
jamaicana	jamaicanas
mexicana	mexicanas
nigeriana	nigerianas
paquistaní	paquistaníes

Countries start with a capital letter:

España   Italia   Rusia

But nationalities and languages do not:
Soy inglés.   Hablo inglés.

7.2 Comparatives

Use **más/menos** … **que** with adjectives to make comparisons:
Arnold Schwarzenegger es **más** alto **que** Danny De Vito.
Arnold Schwarzenegger is taller than Danny De Vito.
La comida italiana es **menos** picante **que** la comida mexicana.
Italian food is less spicy than Mexican food.

Complete these sentences with **más/menos** to give your own opinions.

1 La comida china es … rica que la comida india.
2 El fútbol es … emocionante que la pesca.
3 Los chicos son … trabajadores que las chicas.
4 El español es … difícil que el alemán.
5 La música cubana es … bailable que la música rap.

7.3 Superlatives

Add **el** or **la** to **más/menos** with adjectives to make superlatives:

Mi padre es **el** más alto de la familia.
My father is the tallest in the family.
Yo soy **la** más baja.
I am the shortest.

Answer the questions.

1 ¿Quién es el/la más alto/alta de tu familia?
2 ¿Quién es el/la más bajo/baja?

7.4 Possessive adjectives

The words for 'my', 'your', 'his', and 'her' are the same for both masculine and feminine – add an **s** to make them plural:

	m. and f. singular	m. and f. plural
my	**mi** madre	**mis** padres
your (tú)	**tu** primo	**tus** primos
his/her/ its/your (usted)	**su** tía	**sus** tías

Notice how possessive adjectives are not used in Spanish when talking about the body:

Tengo **los** ojos verdes.
I've got green eyes/My eyes are green.
Tengo **el** pelo corto.
I've got short hair/My hair is short.
Me duele **la** cabeza.
My head aches.
Tengo **el** brazo roto.
My arm is broken.

There is no apostrophe 's' in Spanish to describe possession. You use **de** instead:

La casa de mi hermano es pequeña.
My brother's house is small.

de + **el** becomes **del**:

Cuba es una isla **del** Caribe.

But **de** remains a separate word in front of **la**, **los** and **las**:

la puerta de la casa
la sala de los profesores
las cartas de las chicas

8 Adverbs

Adverbs describe an action:

Me despierto **generalmente** a las siete.
I usually get up at 7 o´clock.
Me ducho **rápidamente**.
I shower quickly.

Adverbs are made from the feminine form of an adjective plus the ending **mente**:

rápido *quick*	rápid**a** + **mente**
	rápidamente *quickly*
lento *slow*	lent**a** + **mente**
	lentamente *slowly*
fácil *easy*	fácil + **mente**
	fácilmente *easily*
difícil *difficult*	difícil + **mente**
	difícilmente *difficultly*
estupendo *fantastic*	estupend**a** + **mente**
	estupendamente *fantastically*
tranquilo *calm*	tranquil**a** + **mente**
	tranquilamente *calmly*

There are some irregular adverbs:

adjective	*adverb*
bueno *good*	bien *well*
malo *bad*	mal *badly*

Juego muy **bien** al tenis de mesa.
I play table tennis very well.
Toco la guitarra bastante **bien**.
I play the guitar quite well.
Cocino muy **mal**.
I cook very badly.

> Choose an adverb to complete these sentences about yourself.
>
> 1 Hablo español …
> 2 Juego … al tenis de mesa.
> 3 Juego … al fútbol.
> 4 Toco el piano …
> 5 Canto …
> 6 Cocino …

Notice how the following words can be used before adjectives or adverbs:

muy *very*   bastante *quite*

Mi abuelo es **muy** simpático.
Mi abuela cocina **muy** bien.
Mi casa es **bastante** pequeña.
Canto **bastante** mal.

9 Demonstrative adjectives

The words for 'this', 'these', 'that' and 'those' agree with the noun they describe:

	m. singular	*m. plural*
this, these	**este** gorro	**estos** calcetines
that, those	**ese** cinturón	**esos** zapatos
	aquel traje	**aquellos** vestidos

	f. singular	*f. plural*
this, these	**esta** camisa	**estas** botas
that, those	**esa** corbata	**esas** gafas de sol
	aquella falda	**aquellas** camisetas

Notice that there are two words for 'that' in Spanish: **ese** and **aquel**. **Aquel** describes something that is further away.

10 Pronouns

10.1 Demonstrative pronouns

These follow the same pattern as demonstrative adjectives, but they have an accent on the first **e**:

éste, ésta, éstos, éstas
this one, these ones
ése, ésos, ésa, ésas
that one, those ones
aquél, aquéllos, aquélla, aquéllas
that one, those ones

Éste es mi padre, **ésta** es mi madre y **éstos** son mis abuelos.
Me gusta esa chaqueta pero **aquélla** es preciosa también.

10.2 Subject pronouns

singular	*plural*
I yo	*we* nosotros (m) nosotras (f)
you tú (familiar)	*you* vosotros (m) vosotras (f) (familiar)
he/it él	*they* ellos (m) ellas (f)
she/it ella	
you usted (polite)	*you* ustedes (polite)

10.3 Direct object pronouns

me	me
you	te
he/it/you (polite)	lo
she/it/you (polite)	la
us	nos
you (plural)	os
them/those, you (polite)	los (m)
them/those, you (polite)	las (f)

Te llamé por teléfono ayer.
I phoned you yesterday.
La paella es muy rica. ¿Quieres probar**la**?
The paella is delicious. Do you want to try it?
¿Te gusta el café con leche o sin leche? **Lo** prefiero con leche.
Do you like your coffee with or without milk? I prefer it with milk.
Compré estas botas para mi hermana. **Las** compré en Madrid.
I bought these boots for my sister. I bought them in Madrid.

10.4 Indirect object pronouns

person	m. and f. singular	m. and f. plural
1st	me *me*	nos *us*
2nd	te *you*	os *you*
3rd	le *him/her/it/you* (polite)	les *them, you* (polite)

Mis padres fueron a Cancún y **me** compraron una camiseta.
My parents went to Cancún and they bought me (i.e. for me) a T-shirt.
Te lo puedes probar.
You can try it on.
Voy a dar**le** mi número de teléfono porque es muy simpático.
I'm going to give him my telephone number because he's very nice.
Les compro una caja de chocolates.
I'm buying them a box of chocolates.

Indirect object pronouns are also used with verbs such as **doler** and for asking what is wrong:

¿Qué **te** pasa?
What's wrong (with you)?
¿Qué **le** pasa?
What's wrong (with him/her/it)?

Me duele el brazo.
My arm hurts.
Me duelen las piernas.
My legs hurt.

10.5 Pronouns with prepositions

The personal pronouns **él, ella, nosotros, vosotros, ellos, ellas** can all be accompanied by prepositions without changing their form:

Para él, gambas a la plancha y ensalada.
For him, grilled prawns and salad.
Para ella, pollo con arroz.
For her, chicken with rice.

But **yo** and **tú** become different forms after a preposition:

Los calamares son **para mí**.
The squid is for me.
La paella es **para ti**.
The paella is for you.

However, when **yo** and **tú** are accompanied by the preposition **con** (*with*), they become special forms:
con + yo = **conmigo** *with me*
con + tú = **contigo** *with you*
¿Quieres ir al cine **conmigo**?
Do you want to go to the cinema with me?
Lo siento, no puedo salir **contigo** el viernes.
Sorry, I can't go out with you on Friday.

11 Prepositions of place

detrás de	*behind*
delante de	*in front of*
enfrente de	*opposite*
al final de	*at the end of*
al lado de	*next to*
sobre	*on top of*
debajo de	*under*
a la derecha de	*to the right of*
a la izquierda de	*to the left of*
cerca de	*near*
lejos de	*far from*

a + el = al	**de + el = del**
a + la = a la	**de + la = de la**

La plaza está al final **de la** calle.
La pista de hielo está cerca **del** parque.
Toma la primera calle **a la** derecha.

12 Questions

In Spanish, questions start and finish with a question mark. The one at the beginning of the question is upside down:

¿Cómo te llamas?   ¿Cuánto cuesta?

Words for asking questions have accents:

¿**Có**mo estás?

¿**Dó**nde vives?

¿Qu**é** te gusta hacer en tu tiempo libre?

¿Cu**á**ndo es tu cumpleaños?

Some of these question words change to agree with plural nouns:

¿Cuánt**os** años tienes?

¿Cuál es tu color preferido?

¿Cuánt**as** hermanas tienes?

¿Cuál**es** son tus asignaturas preferidas?

> Write questions to ask your partner using each of the following question words:
>
> 1 ¿Cómo?
> 2 ¿Dónde?
> 3 ¿Qué?
> 4 ¿Cuándo?
> 5 ¿Cuál? (¿Cuáles?)
> 6 ¿Cuánto? (¿Cuántos/Cuántas?)
> 7 ¿Quién? (¿Quiénes?)
> 8 ¿Por qué?

You can make questions without question words too. Simply put an upside down question mark before the verb:

¿Te gusta la comida china?
Do you like Chinese food?
¿Tienes hambre?
Are you hungry?

> Write three questions without question words to add to your list.

13 Negatives

Put **no** before the verb to make a negative sentence:

Vivo en Dublín.   No vivo en Dublín.
Quiero ducharme.   No quiero ducharme.
Me hace falta champú.   No me hace falta champú.

Me gusta la comida japonesa.   No me gusta la comida japonesa.

14 Verbs (1)

14.1 Regular verbs – present tense

There are three verb endings for regular verbs: **ar**, **er** and **ir**. They all follow the same pattern:

	hablar	*to speak*
(yo)	hablo	*I speak*
(tú)	hablas	*you speak*
(él/ella/Ud)	habla	*he/she/it speaks, you speak (polite form)*
(nosotros/as)	hablamos	*we speak*
(vosotros/as)	habláis	*you speak*
(ellos/ellas/Uds)	hablan	*they speak, you speak (polite form)*

	comer	*to eat*
(yo)	como	*I eat*
(tú)	comes	*you eat*
(él/ella/Ud)	come	*he/she/it eats, you eat (polite form)*
(nosotros/as)	comemos	*we eat*
(vosotros/as)	coméis	*you eat*
(ellos/ellas/Uds)	comen	*they eat, you eat (polite form)*

	vivir	*to live*
(yo)	vivo	*I live*
(tú)	vives	*you live*
(él/ella/Ud)	vive	*he/she/it lives, you live (polite form)*
(nosotros/as)	vivimos	*we live*
(vosotros/as)	vivís	*you live*
(ellos/ellas/Uds)	viven	*they live, you live (polite form)*

In Spanish, you do not usually need to use the subject pronouns (**yo**, **tú**, **él**, etc) because the verb endings show which person is referred to.

14.2 The familiar form

You use the second person of the verb when you are talking to friends, relations and children. If you are talking to one person in this form you use the **tú** form:

Hablas inglés muy bien
¿Comes en casa o en el instituto?

¿Vives en el campo o en la ciudad?

If you are talking to more than one person in the familiar form you use the second person plural:

¿Habláis inglés y español?
¿A qué hora coméis?
¿Vivís en Barcelona?

14.3 The polite form

When you are talking to an adult who is not a close friend or relative you use the polite form, **usted** or **ustedes** (often abbreviated to **Ud/Vd** or **Uds/Vds**). For example:

¿Cómo se llama Ud?
¿Puede repetir, por favor?
¿Habla Ud inglés?
¿De dónde son Uds?
¿Qué idiomas hablan?
¿Dónde viven?

15 Verbs (2): irregular verbs

Some verbs do not follow the regular pattern. They are called irregular verbs:

	ir	*to go*
(yo)	voy	*I go*
(tú)	vas	*you go*
(él/ella/Ud)	va	*he/she/it goes, you go (polite form)*
(nosotros/as)	vamos	*we go*
(vosotros/as)	vais	*you go*
(ellos/ellas/Uds)	van	*they go, you go (polite form)*

	tener	*to have*
(yo)	tengo	*I have*
(tú)	tienes	*you have*
(él/ella/Ud)	tiene	*he/she/it has, you have (polite form)*
(nosotros/as)	tenemos	*we have*
(vosotros/as)	tenéis	*you have*
(ellos/ellas/Uds)	tienen	*they have, you have (polite form)*

	hacer	*to do, to make*
(yo)	hago	*I do*
(tú)	haces	*you do*
(él/ella/Ud)	hace	*he/she/it does, you do (polite form)*
(nosotros)	hacemos	*we do*
(vosotros)	hacéis	*you do*
(ellos/ellas/Uds)	hacen	*they do, you do (polite form)*

	salir	*to go out*
(yo)	salgo	*I go out*
(tú)	sales	*you go out*
(él/ella/Ud)	sale	*he/she/it goes out, you go out (polite form)*
(nosotros/as)	salimos	*we go out*
(vosotros/as)	salís	*you go out*
(ellos/ellas/Uds)	salen	*they go out, you go out (polite form)*

16 Verbs (3): *ser* and *estar*

ser	*to be*
soy	*I am*
eres	*you are*
es	*he/she/it is, you are (polite form)*
somos	*we are*
sois	*you are*
son	*they are, you are (polite form)*

estar	*to be*
estoy	*I am*
estás	*you are*
está	*he/she/it is, you are (polite form)*
estamos	*we are*
estáis	*you are*
estan	*they are, you are (polite form)*

There are two verbs meaning 'to be': **ser** and **estar**. **Ser** is for describing permanent, unchanging things:

Nationality:
Shakira es colombiana.
Shakira is Colombian.

Profession:
Antonio Banderas es actor.
Antonio Banderas is an actor.

Descriptions:
Barcelona es una ciudad interesante.
Barcelona is an interesting city.
Mi madre es paciente y muy trabajadora.
My mother is patient and very hardworking.

Time:
¿Qué hora es?
What's the time?
Son las diez y media.
It's 10.30.

Estar describes positions and temporary conditions:

Location and position:
Jerez de la Frontera está en el sur de España.
Jerez de la Frontera is in the south of Spain.

Mood and state of health:
¿Cómo estás? Estoy muy mal. Estoy enfermo.
How are you? I feel terrible. I'm ill.

The state of something that might change:
La puerta está abierta.
The door is open.
Mi dormitorio está desordenado.
My bedroom is untidy.

Some weather conditions:
Está nublado y está lloviendo.
It's cloudy and it's raining.

17 Verbs (4): radical changing verbs

Other verbs follow a pattern in which the middle letters change, except for the **nosotros** and **vosotros** forms:

pensar	**to think**
pie**nso**	*I think*
pie**nsas**	*you think*
pie**nsa**	*he/she/it thinks, you think* (polite form)
pensamos	*we think*
pensáis	*you think*
pie**nsan**	*they think, you think* (polite form)

jugar	**to play**
j**ue**go	*I play*
j**ue**gas	*you play*
j**ue**ga	*he/she/it plays, you play* (polite form)
jugamos	*we play*
jugáis	*you play*
j**ue**gan	*they play, you play* (polite form)

18 Verbs (5): reflexive verbs

Reflexive verbs include the object pronouns **me, te, se, nos, os, se** before the different parts of the verb. For example:

¿Cómo **te** llamas? **Me** llamo Carina.
¿A qué hora **te** acuestas? **Me** acuesto a las diez y media.

Me divierto con mis amigos. Los alumnos **se** divierten en la clase de español.

llamarse	**to be called**
me llamo	*I'm called*
te llamas	*you're called*
se llama	*he/she/it's called, you're called* (polite form)
nos llamamos	*we're called*
os llamáis	*you're called*
se llaman	*they're called, you're called* (polite form)

acostarse	**to go to bed**
me acuesto	*I go to bed*
te acuestas	*you go to bed*
se acuesta	*he/she/it goes to bed, you go to bed* (polite form)
nos acostamos	*we go to bed*
os acostáis	*you go to bed*
se acuestan	*they go to bed, you go to bed* (polite form)

divertirse	**to enjoy yourself**
me divierto	*I enjoy myself*
te diviertes	*you enjoy yourself*
se divierte	*he/she/it enjoys himself/herself/ itself, you enjoy yourself* (polite form)
nos divertimos	*we enjoy ourselves*
os divertís	*you enjoy yourselves*
se divierten	*they enjoy themselves, you enjoy yourselves* (polite form)

Acostarse and **divertirse** are reflexive and radical changing.

19 Verbs (6): the immediate future

You can use the verb **ir** followed by **a** and an infinitive to talk about what you are going to do in the near future:

Voy a ver la nueva película de Harry Potter este fin de semana.
I'm going to see the new Harry Potter film this weekend.
No voy a levantarme temprano durante las vacaciones.
I'm not going to get up early in the holidays.
¿Vas a ir al partido el sábado?

Are you going to go to the match on Saturday?
Mis tíos van a comprar una casa en España.
My aunt and uncle are going to buy a house in Spain.

20 Verbs (7): *gustar* and expressing likes and dislikes

Me gusta really means 'it is pleasing to me'. Use **gusta** with singular nouns and with verbs in the infinitive:

Me gusta el español.
No me gusta el queso.
Me gusta jugar al fútbol.

Use **gustan** with plural nouns:

Me gustan los gatos.
No me gustan los ratones.

me gusta/gustan	*I like*
te gusta/gustan	*you like*
le gusta/gustan	*he/she/it likes, you like* (Ud)
nos gusta/gustan	*we like*
os gusta/gustan	*you like* (vosotros)
les gusta/gustan	*they like, you like* (Uds)

Notice how to express degrees of liking or disliking:

Me encanta(n) …	*I love …*
Me gusta(n) mucho …	*I like … very much*
Me gusta(n) …	*I like …*
No me gusta(n) …	*I don't like …*
No me gusta(n) … nada	*I don't like … at all*
Odio … /Detesto …	*I hate …*

Other verbs that work in the same way as gustar are:

me encanta/encantan	*I love*
me interesa/interesan	*I am interested in*
me hace falta/hacen falta	*I need*
me duele/duelen	*(It) hurts (me)*
me queda/quedan	*I have left*

Match up the words in the two columns to write logical sentences.

1	Me encantan	a	los pies.
2	Me interesa	b	la ciencia ficción.
3	Me hace falta	c	la garganta.
4	Me hacen falta	d	los dibujos animados.
5	Me duele	e	una secadora.
6	Me duelen	f	champú y pasta de dientes.

21 Verbs (8): verb idioms

21.1 *Tener*

Tener is used to describe physical feelings:

Tengo hambre.	*I'm hungry.*
Tengo sed.	*I'm thirsty.*
Tengo calor.	*I'm hot.*
Tengo frío.	*I'm cold.*

21.2 *Deber, tener que, hay que*

These are three verbs for saying what you should do:

Los atletas tienen que entrenar todos los días.
Athletes have to train every day.
No deben comer comida basura.
They shouldn't eat junk food.
Tienen que beber mucha agua.
They have to drink a lot of water.
Hay que llevar ropa ligera en verano.
They should wear light clothing in summer.

21.3 *Hacer*

Hacer can be used to say how long you have been doing something:

¿Cuánto tiempo **hace que** estudias español?
For how long have you been learning Spanish?
Hace tres años **que** estudio francés.
I've been learning French for three years.
Hace dos días **que** me duele mucho la cabeza.
I've had a headache for two days.
Hace mucho tiempo **que** no veo a mis primos.
I haven't seen my cousins for ages.

Notice that **hacer** is used in the present tense here when in English we use a past tense.

21.4 *Soler*

Soler is a radical changing verb like **jugar** or **dormir**. It is followed by the infinitive to describe what you **usually** do:

Suelo levantarme a las seis y media.
I usually get up at half past six.
Mis padres suelen ir al cine los viernes por la tarde.
My parents usually go to the cinema on Friday evenings.

22 Verbs (9): the passive

Se is sometimes used in Spanish for passive and impersonal statements, i.e. when the person or subject is not specified. Most verbs are in the singular when followed by an infinitive:

Se habla español en México.
Spanish is spoken in Mexico.
Se habla inglés y francés en Canadá.
English and French are spoken in Canada.

But **poder** is one of the exceptions. It changes to the plural if the subject is plural.

Se puede hacer windsurfing en Tarifa.
You can do windsurfing in Tarifa.
Se pueden practicar muchos deportes en Andalucía.
You can do many sports in Andalucía.

23 Verbs (10): imperatives

Imperatives are verb forms for giving instructions.

Classroom instructions

tú	vosotros
(*you*, familiar form, talking to one person, i.e. the teacher talking to one pupil)	(*you*, familiar form, talking to more than one person, i.e. the teacher talking to the class)
Abre el libro.	Abrid los libros.
	Open your book/s.
Escribe las respuestas.	Escribid las respuestas.
	Write the answers.
Escucha la cinta.	Escuchad la cinta.
	Listen to the tape.
Mira la página 7.	Mirad la página 7.
	Look at page 7.

Giving directions

tú (*you*, familiar form)	usted (*you*, polite form)
Toma la primera calle a la derecha.	Tome la primera calle a la derecha.
	Take the first street on the right.
Dobla a la izquierda.	Doble a la izquierda.
	Turn left.
Cruza la plaza.	Cruce la plaza.
	Cross the square.
Sigue todo derecho.	Siga todo derecho.
	Go straight on.

24 Verbs (11): the preterite

24.1 Regular preterites

The preterite tense is formed by adding the following endings to the stem:

	ar comprar *to buy*	er comer *to eat*
(yo)	compr**é**	com**í**
(tú)	compr**aste**	com**iste**
(él/ella/Ud)	compr**ó**	com**ió**
(nosotros/as)	compr**amos**	com**imos**
(vosotros/as)	compr**asteis**	com**isteis**
(ellos/ellas/Uds)	compr**aron**	com**ieron**

Other **ar** verbs which follow the same pattern as comprar:

alojarse, ayudar, bailar, bañarse, cantar, cenar, empezar*, jugar*, pasar, pensar, tomar, visitar

***Empezar** and **jugar** both have irregular first person singular forms in the preterite:

Empecé a **jugar** al fútbol a los 7 años.
Ayer jugué al baloncesto y al rugby.

But all other forms of thse verbs take regular **ar** verb endings in the preterite:

¿A qué edad **empezaste** a **jugar** al tenis?
Raúl **jugó** muy bien en el partido y marcó tres goles.

Other **er** verbs which follow the same pattern as comer:

beber, volver, deber

	ir	
	salir *to go out*	
(yo)	sal**í**	
(tú)	sal**iste**	
(él/ella/Ud)	sal**ió**	
(nosotros/as)	sal**imos**	
(vosotros/as)	sal**isteis**	
(ellos/ellas/Uds)	sal**ieron**	

Other **ir** verbs which follow the same pattern as salir:

vivir

24.2 Irregular preterites

	ir *to go/*	hacer
	ser *to be*	*to make/to do*
(yo)	fui	hice
(tú)	fuiste	hiciste
(él/ella/Ud)	fue	hizo
(nosotros)	fuimos	hicimos
(vosotros)	fuisteis	hicisteis
(ellos/ellas/Uds)	fueron	hicieron

	ver	**tener**	**estar**
	to see	*to have*	*to be*
(yo)	vi	tuve	estuve
(tú)	viste	tuviste	estuviste
(él/ella/Ud)	vio	tuvo	estuvo
(nosotros)	vimos	tuvimos	estuvimos
(vosotros)	visteis	tuvisteis	estuvisteis
(ellos/ellas/Uds)	vieron	tuvieron	estuvieron

Use the preterite to describe events in the past:

El año pasado fui de vacaciones a México.
Last year I went on holiday to Mexico.
Mis padres fueron a Estados Unidos y me compraron una camiseta.
My parents went to the USA and they bought me a T-shirt.
¿Qué hiciste el sábado?
What did you do on Saturday?
Salí con mis amigos. Vimos una película estupenda.
I went out with my friends. We saw a great film.

25 Verbs (12): the imperfect tense

The imperfect is formed by removing the infinitive endings, **-ar**, **-er**, **-ir**, and adding the imperfect endings:

-ar	**-er**	**-ir**
compr**aba**	com**ía**	viv**ía**
compr**abas**	com**ías**	viv**ías**
compr**aba**	com**ía**	viv**ía**

Some verbs are irregular in the imperfect:

ser – **era**   ir – **iba**   ver – **veia**

The imperfect is used for things we did regularly in the past or where we do not know the beginning and the end of the action. It also describes places, objects, people, time and the weather in the past.

Maradona tenía 10 años. Era pequeño pero jugaba bien.
Maradona was 10 years old. He was small but he played well.
Eran las once de la noche. Hacía viento y llovía.
It was eleven at night. It was windy and it was raining.

Vocabulario español-inglés

A

abajo *down/downstairs*
el abanico *fan*
abierto/a *open*
abrazos *lots of love*
el abrigo *coat*
abril *April*
el/la abuelo/a *grandmother/father*
aburrido/a *bored, boring*
me aburro *I get bored*
el accesorio *accessory*
el accidente *accident*
la acción *action*
el aceite de oliva *olive oil*
las aceitunas *olives*
acepta *he/she accepts, you (usted, formal) accept*
aceptar *to accept*
nos acostamos *we go to bed*
acostarse *to go to bed*
me acosté *I went to bed*
acrílico/a *acrylic*
la actividad *activity*
activo/a *active*
el/la actor/actriz *actor/actress*
acuático/a *aquatic*
estoy de acuerdo *I agree*
se acuesta *he/she goes to bed, you (usted, formal) go to bed*
me acuesto *I go to bed*
adelante *forward*
además *also*
adicto/a *addicted*
adiós *goodbye*
adivinar *to guess*
el adjetivo *adjective*
adónde *(to) where*
adornar *to adorn*
adoro *I love*
el adverbio *adverb*
el aeropuerto *airport*
aficionado/a *keen/fan*
las afueras *outskirts*
agosto *August*
agradable *pleasant*
el agua (f) mineral *mineral water*
el aguacate *avocado*
ahí *there*
ahora *now*
el aire *air*
ajustado/a *tight-fitting*
el algodón *cotton*
algún/àlguna(s)/os *some*
los alimentos *foods*
allí *there*
las almendras *almonds*
nos alojamos *we stay(ed)*
se alojaron *they/you (plural, formal) stayed*
te alojaste *you stayed*
me alojé *I stayed*

el alpinismo *climbing*
alquilamos *we hired*
alrededor *around*
alto/a *high, tall*
la altura *height*
el/la alumno/a *pupil*
amable *kind*
amarillo/a *yellow*
la ambición *ambition*
ambicioso/a *ambitious*
americano/a *American*
el/la amigo/a *friend*
el análisis *analysis*
ancho/a *wide/full*
andar *to walk*
los Andes *the Andes*
animado/a *lively*
el animal *animals*
el año *year*
el anorak *anorak*
antes *before*
antiguo/a *old*
la antigüedad *antiquity*
antipático/a *unpleasant*
antiséptico/a *antiseptic*
el apellido *surname*
aprender *to learn*
aprendes *you learn (tú, informal)*
aprendí *I learnt*
apropiado/a *correct*
¡que aproveche! *enjoy your meal!*
apto/a *suitable*
aquel(la) *that*
aquellos/as *those*
aquí *here*
el árbol genealógico *family tree*
arriba *up/upstairs*
el arroz *rice*
el arte *art*
el artículo *article*
artístico/a *artistic*
el as *ace*
así *like this*
la aspirina *aspirin*
el astronauta *astronaut*
la atención *attention*
atento/a *attentive*
atrás *at the back*
atrevido/a *daring*
la ausencia *absence*
el autobús *bus*
el autocar *coach*
el ave *bird*
el avión *plane*
ayer *yesterday*
ayudar *to help*
azul *blue*

B

el bádminton *badminton*
bailar *to dance*

bailé *I danced*
bajo/a *short*
el balcón *balcony*
el ballet de caballos *dressage*
el baloncesto *basketball*
nos bañamos *we swim/we have a bath/we swam/we had a bath*
bañar *to swim/bathe*
se bañaron *they/you (plural, formal) had a bath*
bañarse *to have a bath*
me bañé *I had a bath*
el baño *bath/bathroom*
el bar *bar*
barato/a *cheap*
la barra de pan *French stick*
básico/a *basic*
bastante *quite*
la basura *rubbish*
la batalla *battle*
el batido *milkshake*
bebe *drink (tú, command)*
beber *to drink*
bebes *you drink (tú, informal)*
bebí *I drank*
la bebida *drink*
bebimos *we drank*
bebiste *you drank (tú, informal)*
bebo *I drink*
beige *beige*
el béisbol *baseball*
el belén *nativity scene*
bello/a *beautiful*
el beso *kiss*
la biblioteca *library*
la bici *bike*
la bicicleta *bicycle*
bien *good/well*
bienvenido/a *welcome*
el bistec *steak*
el billete *ticket*
blanco/a *white*
la blusa *blouse*
el bocadillo *sandwich*
la boda *wedding*
la bodega *wine cellar*
la bolera *bowling alley*
la bolsa *bag*
el bolsillo *pocket*
lo pasé bomba *I had a great time*
la bombonera *sweet box/tin*
bonito/a *pretty/nice*
bordear *to border*
el bosque *wood/forest*
las botas *boots*
la botella *bottle*
el brazo *arm*
británico/a *British*
el buceo *diving*
buen *good*

bueno/a *good*
la bufanda *scarf*
el burro *donkey*
buscar *to look for*
busco *I look for*

C

la cabeza *head*
la cabina *booth*
cada *each*
el café *coffee*
me caí *I fell*
la caída *fall*
la caja *box*
los calamares *squid*
los calcetines *socks*
la calidad *quality*
caliente *hot*
la calle *road*
el callejero *street map*
el calor *heat*
la cama *bed*
el/la camarero/a *waiter/waitress*
cambia *change (tú, command)*
el cambio *change of currency*
la camisa *shirt*
la camiseta *T-shirt*
el campamento *camp*
el/la campeón/campeona *champion*
el camping *campsite*
el campo *countryside/land*
la canción *song*
cansado/a *tired*
el/la cantante *singer*
cantar *to sing*
la cantidad *quantity*
la capital *capital*
la capucha *hood*
caro/a *expensive*
el carácter *character*
los caramelos *sweets*
el Caribe *the Caribbean*
caribeño/a *Caribbean*
la carne *meat*
la carnicería *butcher's*
la carrera *run/race*
la carta *letter*
cartearse *to correspond by letter*
el cartón *cardboard*
la casa *house*
me casé *I got married*
casi *almost*
castaño/a *chestnut*
las castañuelas *castanets*
el castillo *castle*
el catálogo *catalogue*
tengo catarro *I have a cold*
la catedral *cathedral*
la categoría *category*

el CD *CD*
la cebolla *onion*
se celebra *it is celebrated*
celebrar *to celebrate*
la cena *dinner*
cenar *to have dinner*
el céntimo *cent*
el centro *centre*
el cepillo de dientes *toothbrush*
la cerámica *pottery*
cerca *near*
los cereales *cereals*
la cerveza *beer*
el chalet *villa*
el champán *champagne*
el champú *shampoo*
el chándal *tracksuit*
la chaqueta *jacket*
el/la chico/a *boy/girl*
el Chile *Chile*
la China *China*
el chocolate *chocolate*
el chorizo *spicy sausage*
la chuleta *(pork) chop*
el ciclismo *cycling*
el/la ciclista *cyclist*
la ciencia-ficción *science fiction*
el cine *cinema*
el cinturón *belt*
la ciudad *city*
claro *of course/light*
la clase *class*
clásico/a *classical*
el/la cliente *customer*
el club *club*
el coche *car*
la cocina *kitchen*
cocino *I cook*
el/la colega *colleague*
el colegio *school*
el colesterol *cholesterol*
colombiano/a *Colombian*
la colonia *cologne*
el color *colour*
la combinación *combination*
combinar *to combine*
se come *it is eaten*
comemos *we eat*
comenta *he/she comments, you (usted, formal) comment*
comer *to eat*
comercial *commercial*
los comestibles *food/groceries*
comí *I ate*
cómico/a *funny*
la comida *lunch*
¿cómo? *how?*
cómodo/a *comfortable*
compacto/a *compact*
el/la compañero/a *partner*
la comparación *comparison*
comparando *comparing*

competí *I competed*
competir *to compete*
competiste *you competed (tú, informal)*
completa *complete (tú, command)*
compra *he/she buys, you (usted, formal) buy*
comprar *to buy*
compraste *you bought (tú, informal)*
compré *I bought*
comprueba *check (tú, command)*
con *with*
el concierto *concert*
el conejo *rabbit*
confirmar *to confirm*
conmigo *with me*
conocer *to know*
conoces *you know*
conocía *I/he/she/it/you (usted, formal) used to know*
los consejos *advice*
consiste *consists*
la consola *console*
estoy constipado/a *I have a cold*
contento/a *happy*
contesta *answer (tú, command)*
contestar *to answer*
contiene *it contains*
contigo *with you*
contra *against*
el control *control*
la conversación *conversation*
la copa *glass*
copia *copy (tú, command)*
el/la coprotagonista *co star*
el corazón *heart*
la corbata *tie*
el cordero *lamb*
cordial *cordial/warmth*
correcto/a *correct*
el correo electrónico *e-mail*
correr *to run*
te corresponden *they correspond with you*
la correspondencia *post/correspondence*
la corrida *bullfight*
corrige *correct (tú, command)*
corto/a *short*
la cosa *thing*
la costa *coast*
la costumbre *custom*
crees *you believe (tú, informal)*
la crema *cream*
la cremallera *zip*
creo *I think/believe*

Vocabulario

el cricket *cricket*
cruel *cruel*
el cuadro *picture*
¿cuál? *which?*
la cualidad *quality*
cualquier *any*
¿cuándo? *when?*
¿cuánto/a? *how much?*
¿cuántos/as? *how many?*
el cuarto *quarter*
cubano *Cuban*
la cuchara *spoon*
el cuello *neck*
la cuenta *bill*
el cuero *leather*
el cuerpo *body*
cuesta *it costs*
cuestan *they cost*
el cumpleaños *birthday*
el cuscús *couscous*

D

se dan *they are given*
dar *to give*
debe *he/she/it/you (usted, formal) should*
deber *should/to owe*
los deberes *homework*
debo *I should/owe*
decir *to say*
el dedo *finger*
dejar *to leave*
delantero/a *front*
delicioso/a *delicious*
deme *give me*
el/la dentista *dentist*
el/la dependiente/a *shop assistant*
el deporte *sport*
el/la deportista *sportsman/woman*
deportivo/a *sporty*
a la derecha *on the right*
derecho/a *right*
desafortunado/a *unfortunate*
desafortunadamente *unfortunately*
desayunar *to have breakfast*
descansar *to relax/rest*
descansé *I had a rest*
descanso *I have a rest*
describe *describe (tú, command)*
describiendo *describing*
describir *to describe*
la descripción *description*
desea *he/she wants/wishes, you (usted, formal) want/wish*
el desodorante *deodorant*
nos despertamos *we wake up*
se despertaron *they woke up*
despertarse *to wake up*

te despertaste *you woke up (tú, informal)*
me desperté *I woke up*
después *afterwards, later*
detesto *I hate*
di *say (tú, command)*
el día *day*
el diálogo *conversation/dialogue*
diario/a *daily*
el diario *diary*
la diarrea *diarrhoea*
dibuja *draw (tú, command)*
el dibujo *picture*
el diccionario *dictionary*
dice *he/she/it says, you (usted, formal) say*
dicen *they/you (plural, formal) say*
diciembre *December*
la dieta *diet*
la diferencia *difference*
diferente *different*
¿diga? *hello*
¿Dígame? *hello*
dio *he/she/you (usted, formal) gave*
el disco *record*
la discoteca *nightclub*
la disculpa *excuse*
la diseña *design*
dispuesto/a *ready*
la diversión *entertainment*
divertido/a *fun*
diviértete *have a good time (tú, command)*
te diviertes *you have a good time*
la docena *dozen*
doler *to ache/hurt*
el dolor *pain*
el domicilio *address*
el domingo *Sunday*
¿dónde? *where?*
dormir *to sleep*
el dragón *dragon*
dramático/a *dramatic*
la droguería *shop selling household goods*
la ducha *shower*
duchar *to shower*
me ducho *I shower (myself)*
duele *it hurts*
nos duelen *they hurt*
el dulce *sweet*
dura *it lasts*
durante *during*
durmieron *they/you (formal plural) slept*
duró *it lasted*

E

ecuestre *equestrian*
la edad *age*
el edificio *building*
la educación *education*
el ejemplo *example*
elegante *smart*
elige *choose (tú, command)*
la emoción *emotion*
emocionante *exciting*
empareja *match up (tú, command)*
emparéjalas *match them up (tú, command)*
empecé *I started*
empezó *he/she/it/you (usted, formal) started*
empieza *he/she/it starts, you (usted, formal) start*
emplear *to use*
empleando *using*
me encanta(n) *I love it (them)*
encantado/a *(I'm) pleased to meet you*
me encantó *I loved it*
nos encontramos *we met/shall we meet*
se encuentran *they/you (plural, formal) meet*
enero *January*
enfermo/a *ill*
la ensalada *salad*
la entrada *ticket/entrance*
entre *between*
entrenar *to train*
la entrevista *interview*
el equilibrio *balance*
el equipo *team*
la escena *scene*
el esclavo *slave*
escocés/escocesa *Scottish*
Escocia *Scotland*
escolar *school*
escríbele/les *write to him/her/them*
escríbeme *write to me*
escribid *write (vosotros, command)*
escribir *to write*
escucha *listen (tú, command)*
escuchar *to listen*
la escuela *school*
ese/a *that*
esos/as *those*
la espalda *back*
España *Spain*
español(a) *Spanish*
especial *special*
especialmente *especially*
el espectáculo *show*
esperas *you wait*
el esquí *skiing*

esquiar *to ski*
el estadio *stadium*
Estados Unidos *USA*
estadounidense *American*
estampado/a *printed*
este/esta *this*
éste/ésta *this*
el estilo *style*
estimado/a *dear (in a letter)*
el estómago *stomach*
estos/as *these*
éstos/as *these*
estrecho/a *narrow*
la estrella *star*
estudiar *to study*
los estudios *studies*
estudioso/a *studious*
estupendo/a *great*
estuve *I was*
el/la étnico/a *ethnically aware person*
el euro *euro*
el examen *exam*
excelente *excellent*
la excursión *excursion*
el ejercicio *exercise*
el experto *expert*
el exterior *outside*
el extraterrestre *alien*

F

fácil *easy*
la falda *skirt*
falta(n) *lack*
la familia *family*
famoso/a *famous*
fantástico/a *fantastic*
el/la farmacéutico/a *chemist*
la farmacia *chemist's*
fatal *terrible*
por favor *please*
favorito/a *favourite*
febrero *February*
la fecha *date*
feliz *happy*
femenino/a *feminine*
fenomenal *great*
feo/a *ugly*
la feria *festival/fair*
el fichero *form*
tengo fiebre *I have a fever/temperature*
la fiesta *party/festivity*
la figura *figure*
las Filipinas *The Philippines*
el fin de semana *weekend*
el flan *crème caramel*
el folleto *leaflet*
la forma *shape*
la foto *photo*
francés/francesa *French*
Francia *France*

la frase *sentence*
la frecuencia *frequency*
la fresa *strawberry*
frío/a *cold*
frito/a *fried*
la frontera *frontier/border*
la fruta *fruit*
la frutería *fruit shop*
fue *he/she/it was/went, you were/went (usted, formal)*
fueron *they were/went*
fuerte *strong*
fui *I was/went*
funcional *functional*
el fútbol *football*
el futbolista *footballer*
el futuro *future*

G

las gafas *glasses*
las galletas *biscuits*
el gallo *cock*
las gambas *prawns*
el/la ganador(a) *winner*
ganar *to win*
ganó *he/she/it/you (usted, formal) won*
el garaje *garage*
la garganta *throat*
el gas *gas*
el gato *cat*
el gel de ducha *shower gel*
generalmente *generally*
generoso/a *generous*
genial *great*
la gente *people*
la gimnasia *gymnastics*
el giro *tour*
el golf *golf*
la gorra *baseball cap*
el gorro de lana *woolly hat*
gracias *thank you*
gracioso/a *funny*
el gramo *gramme*
grande *big*
el granizado *iced drink*
grasiento/a *greasy*
la gripe *flu*
gris *grey*
el grupo *group*
el guacamole *Mexican dish containing mashed avocado*
guais *cool (plural)*
¡qué guay! *cool!*
la guerra *war*
la guitarra *guitar*
me gusta(n) *I like*
me gustaría *I would like*
el gusto *taste*

H

había *there was/were*
el habitante *inhabitant*
habla *he/she/it speaks, you (usted, formal) speak*
hablador(a) *talkative*
hablan *they speak, you (plural, formal)*
hablar *to speak*
hace *he/she/it does, you (usted, formal) do*
hacéis *you do (vosotros)*
me hacen *they do (to me)*
hacer *to make, do*
hacía *he/she/it/you (usted, formal) used to do (of weather: it was)*
los deberes *homework*
la hamaca *hammock*
el hambre (f) *hunger*
la hamburguesa *hamburger*
el hámster *hamster*
hasta *until*
hay *there is/are*
haz *do (tú, command)*
hecho *done*
el helado *ice cream*
el/la hermano/a *brother/sister*
hice *I did*
hiciste *you did (tú, informal)*
el hielo *ice*
la hija *daughter*
el hijo *son*
hispano/a *Spanish/Hispanic*
la historia *history*
histórico/a *historic*
hizo *he/she/it/you (usted, formal) did*
hola *hello*
la hora *time*
horrible *horrible*
el hospital *hospital*
el hotel *hotel*
hoy *today*
la huerta *market garden*
el huevo *egg*
humano/a *human*
el humor *humor*

I

la idea *idea*
ideal *ideal*
identifica *identify (tú, command)*
la iglesia *church*
igual *equal/similar/the same*
imagina *imagine (tú, command)*
imaginario/a *imaginary*
imaginativo/a *imaginative*
importa *it matters*

importante *important*
importar *to import*
imprescindible *essential*
incluye *include* (tú, command)
increíble *incredible*
India *India*
indica *indicate/point to* (tú, command)
infantil *childish*
la información *information*
ingenioso/a *ingenious*
Inglaterra *England*
inglés/inglesa *English*
el ingrediente *ingredient*
el insecto *insect*
insertar *to insert*
la insolación *sunstroke*
el instituto *school*
inteligente *intelligent*
intelectual *intellectual*
el interés *interest*
interesante *interesting*
internacional *international*
introducir *to introduce*
invadieron *they invaded*
inventa *invent* (tú, command)
el invierno *winter*
la invitación *invitation*
invitar *to invite*
ir *to go*
irá *he/she/it/you* (usted, formal) *will go*
Irlanda *Ireland*
irlandés/irlandesa *Irish*
la isla *island*
Italia *Italy*
italiano/a *Italian*
la izquierda *left*

J

el jabón *soap*
el jamón *ham*
el jarabe *syrup*
el jersey *jumper*
los jóvenes *young people*
la joyería *jeweller's*
juega *he/she/it plays, you* (usted, formal) *play*
juego *I play*
jugamos *we play/we played*
jugar *to play*
jugó *he/she/it/you* (usted, formal) *played*
junio *June*
junto *next to*

K

el kilo *kilo*
el kilómetro *kilometre*

L

al lado de *next to*
el lago *lake*
la lana *wool*
largo/a *long*
la lata *tin*
Latinoamérica *Latin America*
lavar *to wash*
lavarse *to wash oneself*
la leche *milk*
la lechuga *lettuce*
lee read (tú, command)
leer *to read*
las legumbres *pulses*
leí *I read*
lejos *far*
leo *I read*
la lesión *wound*
la letra *letter*
se levanta *he/she/it gets up, you* (usted, formal) *get up*
levantarse *to get up*
libre *free*
la librería *bookshop*
el libro *book*
la limonada *lemonade*
la lista *list*
se llama *his/her name is*
se llamaba *was called*
la llamada *call*
se llaman *their names are*
llamar *to call*
llamarse *to be called*
llamativo/a *eye-catching*
me llamo *my name is*
el llavero *key ring*
llega *he/she/it arrives, you* (usted, formal) *arrive*
llegar *to arrive*
llegaron *they arrived*
llego *I arrive*
llegué *I arrived*
lleva *he/she/it wears, you* (usted, formal) *wear*
llevamos *we wear*
llevan *they/you* (plural, formal) *wear*
llevar *to wear*
llevaste *you wore* (tú, informal)
llevé *I wore*
llover *to rain*
la lluvia *rain*
loco/a *mad*
luego *then*
el lugar *place*
la luna *moon*
el lunes *Monday*

M

machacado/a *crushed*
la madre *mother*
la madrileña *woman from Madrid*
la mágica *magic*
magnífico/a *magnificent*
mal *bad/badly*
malo/a *bad*
la mañana *morning/tomorrow*
mandar *to send*
la manera *way*
la manga *sleeve*
la mano *hand*
mantener *to keep*
la manzana *apple*
el mapa *map*
el mar *sea*
marca *mark* (tú, command)
marchoso/a *lively*
mareado/a *dizzy*
los mariscos *seafood*
marítimo/a *maritime*
marrón *brown*
más *more*
mayo *May*
mayor *older*
la mayoría *majority*
medio/a *half*
mediano/a *medium-sized*
la medianoche *midnight*
las medias *tights*
la medicina *medicine*
el/la médico/a *doctor*
el mediodía *midday*
mediterráneo/a *Mediterranean*
mejor *better*
se menciona(n) *it is/they are mentioned*
mencionado/a *mentioned*
menor *younger*
menos *less*
el mensaje *message*
la mentira *false/lie*
a menudo *often*
el mercado *market*
la merienda *afternoon snack/picnic*
el mes *month*
el metro *metre*
mexicano/a *Mexican*
la miel *honey*
mientras *during*
la miniatura *miniature*
mira *look at* (tú, command)
la misa *mass*
la mitad *half*
la mochila *rucksack*
la moda *fashion*
moderno/a *modern*
la moneda *coin*
el monstruo *monster*
montamos *we ride*

se montan *they/you (plural, formal) ride*
la montaña *mountain*
montar *to ride*
monté *I rode*
monto *I ride*
el monumento *monument*
el motivo *motive/reason*
la moto *motorbike*
mover *to move*
movido/a *moved*
mucho/a(s) *much/many*
la muela *tooth*
mueva *move (polite command)*
mueve *move (tú, command)*
muévete *move yourself (tú, command)*
la mujer *woman*
mundial *world-wide*
el mundo *world*
el museo *museum*
la música *music*
musical *musical*
el/la músico/a *musician*
muy *very*

N

el nacimiento *birth/nativity scene*
nacional *national*
la nacionalidad *nationality*
nada más *nothing else*
nadamos *we swim/swam*
nadar *to swim*
nadaste *you swam*
nadé *I swam*
el nombre *name*
la naranja *orange*
la naranjada *orangeade*
la natación *swimming*
natural *natural*
la naturaleza *nature*
naturalmente *naturally*
la Navidad *Christmas*
necesitan *they/you (plural, formal) need*
necesitas *you need (tú, informal)*
necesito *I need*
negro/a *black*
ni *neither*
el/la niño/a *child*
la noche *night*
la Nochebuena *Christmas Eve*
la Nochevieja *New Year's Eve*
nocturno/a *night*
nombra *name (tú, command)*
el nombre *name*
normal *normal*
normalmente *normally*
el norte *north*

la nota *note*
el/la novio/a *boyfriend/girlfriend*
nuevo/a *new*
el número *number*
numeroso/a *numerous/many*
nunca *never*
la nutrición *nutrition*
nutritivo/a *nutritious*

O

el oasis *oasis*
obligatorio/a *obligatory*
observar *to observe*
observé *I observed*
octubre *October*
odia *he/she hates, you (usted, formal) hate*
odio *I hate*
el oeste *west*
oficial *official*
el oído *ear*
el ojo *eye*
ondulado/a *wavy*
opina *he/she thinks, you (usted, formal) think*
la opinión *opinion*
la oportunidad *opportunity*
el orden *order*
el ordenador *computer*
la oreja *ear*
organizar *to organize*
el órgano *organ*
el origen *origin*
oscuro/a *dark*
otro/a *other*

P

el padre *father*
los padres *parents*
la página *page*
el país *country*
la palabra *word*
el palacio *palace*
el pan *bread*
el pan integral *wholwheat bread*
la panadería *baker's*
la pantalla *screen*
los pantalones *trousers*
Papá Noel *Father Christmas*
el paquete *packet/parcel*
el par *pair*
para *for*
el parque de atracciones *fairground park*
el parque temático *theme park*
la parte *part*
participar *to participate*
el partido *match*
¿qué te pasa? *what's the matter?*
pasado/a *last*

pasamos *we spend/spent (time)*
pasar *to spend (time)*
pasaste *you spent (time) (tú, informal)*
pasé *I spent (time)*
pasear *to walk*
el paseo *walk*
pasó *he/she/it/you (usted, formal) spent (time)*
la pasta de dientes *toothpaste*
la pastelería *cake shop*
el pastel *cake*
las pastillas *tablets/pills*
la pata *leg (of an animal)*
la patata *potato*
patinar *to skate*
el pavo *turkey*
pedir *to ask (for)*
el peine *comb*
la película *film*
el pelo *hair*
la pelota *pelota/ball*
el peluche *soft toy*
pensé *I thought*
pequeño/a *small*
la pera *pear*
nos perdimos *we got lost*
perfumado/a *perfumed*
el periódico *newspaper*
nos permiten *we are allowed*
permitido/a *allowed*
pero *but*
el perrito caliente *hot dog*
el perro *dog*
la persona *person*
personal *personal*
pesa *he/she/it weighs, you (usted, formal) weigh*
la pesca *fishing*
la pescadería *fishmonger's*
el pescado *fish*
la pez *fish*
la picadura *insect bite*
picante *hot/spicy*
el pie *foot*
piensan *they/you (plural, formal) think*
la pierna *leg*
el pimiento *pepper*
el pintor *painter*
el piragüismo *canoeing*
la piscina *swimming pool*
el piso *flat*
la pista *course*
la pistola *gun*
la plantación *plantation*
el plátano *banana*
el plato *dish/plate*
la playa *beach*
la plaza *square*
la pluma *fountain pen*
poco/a *little*

Vocabulario

podéis *you can (vosotros)*
podemos *we can*
poder *to be able to*
la polenta *polenta/cornflour*
el poliamida *polyamide*
policíaco/a *police/detective*
el polideportivo *sports centre*
el pollo *chicken*
el polo *polo shirt*
la pomada *cream/ointment*
pon atención *pay attention*
  (tú, *command*)
ponen *they/you (plural, formal) put*
poner *to put*
por *for/because of*
porque *because*
la postal *postcard*
el póster *poster*
de postre *for pudding/dessert*
la práctica *practice*
practicamos *we practise*
practicar *to practise*
practico *I practise*
practiqué *I practised*
el precio *price*
precioso/a *beautiful*
preferido/a *favourite*
prefiere *he/she prefers, you (usted, formal) prefer*
la pregunta *question*
la prenda *garment/article of clothing*
preparar *to prepare*
nos presentamos *we introduce ourselves*
presentar *to present/introduce*
te presento *I introduce*
el/la primo/a *cousin*
primer(o/a) *first*
principal *principal/main*
privado/a *private*
probable *possible*
el probador *changing room*
probar *to try (on)*
el problema *problem*
el producto *product*
la profesión *profession*
profesional *professional*
el/la profesor/a *teacher*
el programa *programme*
pronto *soon*
la pronunciación *pronunciation*
propio/a *own*
próspero/a *prosperous*
los pruebo *I try them*
el público *public*
el pueblo *town*
se puede *one/you can*
puedes *you can (tú, informal)*
puedo *I can*

la puerta *door*
el puerto *port*
pues *well ...*
el puro *cigar*

Q

¿Qué tal me queda(n) ...? *Does this ... suit me?*
te quedas *you stay*
nos quedamos *we stay*
se quedan *they/you (plural, formal) stay*
quedarse *to stay*
la queja *complaint*
querido/a *dear*
el queso *cheese*
¿quién? *who?*
¿quiénes? *who? (plural)*
quiere *he/she/it wants, you (usted, formal) want*
quieren *they/you (plural, formal) want*
quiero *I want*
la química *chemistry*

R

la ración *portion*
rápido/a *quick*
rápidamente *quickly*
el ratón *mouse*
la raya *stripe*
la rebeca *cardigan*
rebelde *rebellious*
se reciben *they are received*
recibes *you receive (tú, informal)*
recibir *to receive*
se recomienda *it is recommended*
el recreo *break*
los recuerdos *memories/souvenirs/regards*
te recuperaste *you recovered (tú, informal)*
redondo/a *round*
reducido/a *reduced*
el refrán *chorus*
refrescante *refreshing*
regalar *to give a present*
el regalo *gift/present*
la región *region*
las reglas *rules*
la reina *queen*
el Reino Unido *the United Kingdom*
rellena *fill in (tú, command)*
repite *repeat (tú, command)*
representar *to represent*
la residencia *residence*
resistente *resistant*
la respuesta *answer*

el restaurante *restaurant*
el resultado *result*
el retiro *retirement*
se reúne *it meets/gets together*
la revista *magazine*
la revolución *revolution*
los Reyes Magos *the Three Kings*
rico/a *rich*
el rincón *corner*
el río *river*
riquísimo/a *delicious*
la rodilla *knee*
rojo/a *red*
romántico/a *romantic*
el ron *rum*
roñoso/a *mean/stingy*
la ropa *clothes*
roto/a *broken*
ruso/a *Russian*
la rutina *routine*

S

el sábado *Saturday*
saber *to know*
sabes *you know (tú, informal)*
el sabor *taste/flavour*
sabroso/a *tasty*
sacar *to take out/take (photos)*
sacaron *they/you (plural, formal) took out/took*
salado/a *salty*
la salchicha *sausage*
sale *he/she/it goes out, you (usted, formal) go out*
salí *I went out*
salieron *they/you (plural, formal) went out*
salimos *we went out*
salió *he/she/it/you (usted, formal) went out*
salir *to go out*
saliste *you went out (tú, informal)*
salisteis *you went out (vosotros)*
la salsa *sauce*
la salud *health*
el saludo *greeting*
sano/a *healthy*
las sandalias *sandals*
las sardinas *sardines*
el secador *hairdryer*
la sección *section*
tener sed *to be thirsty*
según *according to*
segundo/a *second*
la selección *selection*
la semana *week*
sencillo/a *simple*
el senderismo *hiking*